Guia prático da felicidade

Gottfried Kerstin

Guia prático da felicidade

PEQUENOS PRAZERES
QUE ILUMINAM A VIDA

DISAL
EDITORA

99 Maneras de ser feliz © MMII Editorial Océano, S.L. Barcelona (España)

Tradução e edição: Paulo Nascimento Verano
Revisão: Francisco José Mendonça Couto

Capa e projeto gráfico: Alberto Mateus
Edição de arte e diagramação: Crayon P&PG
Foto da capa: Getty Images

Dados Internacionais de Catalogação na Publicação (CIP)
(Câmara Brasileira do Livro, SP, Brasil)

Kerstin, Gottfried
Guia prático da felicidade : pequenos prazeres que iluminam a vida / Gottfried Kerstin ; [tradução Paulo Nascimento Verano]. – 1. ed. – São Paulo : Disal, 2004.

Título original: 99 maneras de ser feliz
ISBN: 85-89533-10-7

1. Conduta de vida 2. Felicidade 3. Prazer 4. Realização pessoal 5. Tranqüilidade I. Título.

04-1437 CDD-158

Índice para catálogo sistemático:
1. Felicidade : Conduta de vida : Psicologia aplicada 158

DISAL EDITORA

Rua Major Sertório, 771, cj. 1, Vila Buarque
01222-001, São Paulo, SP
Tel./Fax: (11) 3237-0070

Visite nosso site: www.disaleditora.com.br

"Aproveite bem as pequenas coisas,
porque talvez um dia você olhe para trás
e se dê conta de que elas eram grandes."

ROBERT BRAULT

Prefácio

O livro

O livro que você acaba de abrir é fruto de uma aventura que iniciei em 2001, e que levou três anos para ser concluída. Naquela época eu fazia, por motivos pessoais, um estudo sobre a felicidade. Graças à disposição de muitos voluntários, pude investigar os surpreendentes mecanismos que fazem com que fiquemos imóveis diante das grandes conquistas, enquanto nos arrebatamos de felicidade com coisas – aparentemente – insignificantes. Os bons momentos que colhi naquelas entrevistas me animaram a escrever este pequeno guia.

Àquela altura, devido à minha atividade profissional, havia passado pelas minhas mãos um sem-fim de manuais de psicologia e crescimento pessoal. Sem menosprezar nenhuma daquelas obras, sua leitura me produzia sempre a mesma impressão: no princípio havia algumas idéias interessantes, mas, após 200 páginas, seu desenvolvimento e repetição – em muitos casos – acabavam me cansando.

"Deve haver uma maneira mais divertida de escrever um livro" – pensei –, e em seguida me veio à mente a seguinte idéia: "Por que não reunir a essência de cada volume em uma única página?". Pensei numa obra dinâmica, voltada para jovens de qualquer idade, e que estivesse distante de programas predeterminados e de dogmas de toda ordem. Nela, podiam convergir contribuições de muitas tradições, mas nenhuma delas deveria sobressair-se como modelo. Em outras palavras, imaginava um livro que fosse "tudo em um".

As pessoas que participaram de meu estudo geraram, com seus exemplos e colaborações, o resultado da seleção daqueles livros tão sisudos. A chuva de idéias encontrou a terra fértil de três milênios de buscas e deu origem ao *Guia prático da felicidade*.

Só me resta dizer que, longe de buscar publicidade para o autor, a razão de ser deste livro está assentada no que sustenta os momentos de felicidade. Esta é uma obra concebida pelo e para o leitor, a quem desejo acompanhar na conquista da felicidade.

Introdução

Como este guia precisa ser conciso e prático, seria absurdo começar por uma longa introdução. Na vida já há introduções demais.

É um lugar-comum dizer que a felicidade reside nas pequenas coisas. No entanto, é verdade. Pessoas que vêm alcançando grandes objetivos (graduar-se em alguma área, subir na carreira, obter aumento de salário etc.) reconhecem que, por trás da alegria inicial, sobrevém uma estranha sensação de vazio, como se nada de importante tivesse ocorrido.

Por outro lado, são muitos os que afirmam experimentar um sentimento de grande plenitude no decurso de ações tão corriqueiras como tomar um chá, ler um bom livro ou, simplesmente, observar crianças brincando.

Disso tudo se pode deduzir o seguinte:

1 O ser humano está naturalmente equipado com os instrumentos necessários para ser feliz.
2 A satisfação que os pequenos prazeres produzem reside, precisamente, no que há de espontâneo e inesperado.
3 As grandes expectativas podem implicar desilusão em um ou outro sentido.

Com esta obra, quero oferecer ao leitor uma série de propostas complementares entre si. Já que nossos momentos de ócio são escassos e fragmentados, cada texto foi concebido para ser lido em um breve espaço de tempo – por exemplo, entre uma estação de metrô e outra.

Como ocorre na vida real, esta obra está mesclada de assuntos transcendentais e terrenos, espirituais e mundanos. Considere este guia como um bazar de pequenos prazeres, onde, a cada leitura, você irá escolher o que mais lhe atrair. Esqueça-se do autor destas linhas. Você é o (a) único (a) protagonista deste livro. Minha única missão é apresentar a você 99 maneiras de ser feliz. A centésima você é que irá descobrir.

AQUI E AGORA

A vida é algo que acontece enquanto estamos fazendo outros planos.

John Lennon

Muitas pessoas

Muitas pessoas, e não apenas os mais velhos, passam a vida recordando episódios que já aconteceram há muito tempo. Outras, ao contrário, se dedicam a evocar projetos que hão de mudar suas vidas, mas que raramente se realizam. Em ambos os casos, o ideal de felicidade reside, precisamente, no lugar em que não se está. O passado, sempre irrecuperável, pode ser evocado, mas é um erro convertê-lo no foco de nossos pensamentos, pois ele já deu tudo o que podia dar em seu momento. O futuro é incerto em todos os sentidos, e basta que desejemos ardentemente atingir algum objetivo para que, uma vez alcançado, exclamemos para nós, lá no fundo: "Ah, é assim que era isso...".

Nós só dispomos do momento presente, e, por isso, vale mais a pena buscar a felicidade **aqui e agora**. Do mesmo modo, o que fazemos em cada instante determina nossa felicidade futura e a qualidade de nossas lembranças. Qualquer que seja nossa situação, devemos aproveitar o que ela nos oferece e não perder tempo nos perguntando "como seria se...". Para regar a semente da felicidade não há lugar melhor que aquele em que estamos, assim como não há momento melhor que agora.

Observe

Observe se você conjuga muitas vezes o futuro ao falar. Talvez sua vida se fundamente em expectativas, em uma felicidade por chegar. Abra os braços para o momento presente.

BEM CONSIGO MESMO

O homem de bem exige tudo de si próprio;
o homem medíocre espera tudo dos outros.

CONFÚCIO

Para estar bem com os outros, é preciso estar **bem consigo mesmo**. Agora que adentramos o terceiro milênio, estamos tão acostumados ao contato com as multidões, com o rádio, a televisão e o computador, que acabamos esquecendo como é estar a sós com nossos próprios pensamentos. Alguém disse que "não há nada mais difícil que estar entre quatro paredes brancas", e é verdade. Mas igualmente é verdade que, sem um verdadeiro autoconhecimento, não se pode progredir.

Todo mundo sente um certo medo quando abandona a agitação diária para interiorizar-se nos cantos escondidos da própria mente. Estamos tão habituados a outras cabeças pensando pela nossa – nossos superiores, os especialistas, os meios de comunicação – que nos sentimos perdidos num espaço tão imenso. Isso faz com que evitemos o silêncio e a solidão, buscando qualquer coisa que nos "distraia". No entanto, nossa felicidade depende do conhecimento que tenhamos de nossas necessidades e limitações. É provável que ignoremos aspectos de nossa personalidade que estejam condicionando nosso momento presente.

Pense

Pense nos aspectos de seu caráter que o ajudam a progredir e nos que freiam seu progresso. Assegure-se de que você não se conforma com um estilo de vida predeterminado pelo temor de um novo.

OS OUTROS

Metade do mundo não pode compreender
os prazeres da outra metade.

JANE AUSTEN

Relacionar-se com **os outros** é uma arte que requer paciência, humildade e sensibilidade. No nosso dia-a-dia, temos que nos relacionar com um sem-fim de pessoas, e nem sempre isso é fácil. Cada indivíduo tem suas próprias prioridades, uma maneira de ver o mundo e um passado que o condicionam. Não raro, estas coordenadas se chocam com as nossas, dando origem a atritos.

Isso não deve nos levar a pensar como Sartre, que afirmava que "o inferno são os outros". Muito pelo contrário. A interação com os demais é uma oportunidade excelente para aprender e se realizar. O ser humano é um animal social, o que implica que só é possível levar adiante a maior parte de suas atividades com a colaboração dos outros. Em função dessa relação, obteremos resultados melhores ou piores.

Num lugar onde convivam duas ou mais pessoas se produzirão conflitos, isso é praticamente inevitável. Superar esses conflitos e aprender com eles é, sem sombra de dúvida, uma boa base para a felicidade.

Procure não condenar ninguém por defeitos que você mesmo tenha. Tampouco espere contrapartida dos demais, já que isso apenas o conduzirá à desilusão e ao ressentimento. Busque a satisfação no simples ato de doar.

DISPOSIÇÃO

O caráter é a metade do destino.

RAOULT G. DE LA GRASSERIE

Quem aspira à felicidade deve começar trabalhando consigo mesmo. Cada um de nós é como um navio em direção à terra prometida. Se o navio tem alguma rachadura ou as velas estão a meio-pau, o mais provável é que acabemos naufragando ou, o que dá na mesma, que nunca cheguemos ao nosso destino.

Na singular viagem da vida, é determinante a **disposição** com que se enfrenta o mundo. É fácil ver como as pessoas pessimistas, invejosas ou rancorosas tropeçam continuamente nos outros e não conseguem evoluir. Para tal, convém revisarmos nossas atitudes e convicções para sabermos se são exageradamente rígidas, se é que não são totalmente equivocadas.

Para avançar, é necessário afastar a mente de obstáculos apriorísticos, e abrir-se à experiência. Cada encontro, cada situação, cada acontecimento deve ser avaliado (e valorado) em sua justa medida, uma vez que tenha acontecido. Se prejulgarmos, nos distanciaremos do sentido da viagem, ou talvez nunca o entendamos. As maiores aventuras da humanidade aconteceram com uma dose de previsão e outra de arrojo.

Quem reúne a curiosidade da criança, a intrepidez do jovem e a prudência do velho tem uma boa travessia assegurada.

Três maneiras de assegurar-se da infelicidade:

1 Culpar os outros quando as coisas não saem bem.

2 Esperar determinadas reações das pessoas.

3 Abandonar projetos pelo simples medo de fracassar.

AMIZADE

Quem tem um amigo verdadeiro
pode dizer que tem duas almas.

Arturo Graf

Pode parecer óbvio, mas a melhor maneira de ter amigos é ser amigo. Muitas pessoas não estão dispostas a ser generosas sem contrapartida. Os que não costumam dar nada são os primeiros que se surpreendem quando um favor lhes é negado.

A **amizade** é mais que uma relação de conveniência. A verdadeira amizade é uma qualidade tão ou mais profunda que o amor entre casais, já que se dá entre pessoas independentes e com finalidades distintas. A amizade que não é desinteressada simplesmente não é amizade. Quando acontece uma crise sentimental, profissional ou pessoal, não há refúgio melhor do que o ombro de um bom amigo. E, sem dúvida, é difícil encontrá-lo.

Se você se lamenta porque não tem amigos, ou porque os seus não lhe inspiram confiança, deverá se perguntar qual tem sido, até agora, sua atitude em relação aos outros. Normalmente as pessoas tendem a cercar-se de pessoas com características afins; por isso, é muito provável que você tenha de reconsiderar algumas coisas sobre si mesmo.

Platão dizia que não se deve deixar crescer mato no caminho da amizade. A confiança é uma flor extremamente frágil, que, uma vez murcha, não costuma se recuperar.

Os três pontos cruciais da amizade:

1 Alegrar-se sinceramente com os êxitos dos amigos.

2 Fechar a porta para a inveja.

3 Buscar e esperar o melhor para eles.

A ARTE DE CONVERSAR

Quando falares, cuida para que tuas palavras sejam melhores que o silêncio.

PROVÉRBIO INDIANO

Poucos prazeres

Poucos prazeres são comparáveis ao da conversa tranqüila, que sucede a uma longa viagem ou a um jantar íntimo. No entanto, para que ela aconteça é preciso que se crie um ambiente adequado.

Assim como ouvir não é sinônimo de escutar, falar não equivale a **conversar**. Falamos todos os dias – com nossos chefes, companheiros ou vizinhos –, mas nossas palavras se prestam, tão-somente, a uma mensagem prática ou a preservar um certo clima de cortesia. A boa conversa é uma **arte** que requer cuidado e sensibilidade.

Na Academia de Platão, os alunos passavam os primeiros quatro anos aprendendo a calar. Esta é uma qualidade indispensável para que possa haver uma troca de idéias realmente verdadeira.

Tão importante quanto expressar os próprios pensamentos com clareza é saber calar quando nosso interlocutor está falando. Às vezes cometemos o erro de preparar a resposta antes que a outra pessoa tenha terminado.

Toda a nossa atenção precisa estar concentrada naquilo que estão nos explicando. A resposta deve ser coerente com o que se está tratando, já que, do contrário, em vez de avançar a conversa irá se reduzir a uma série de réplicas e tréplicas nas quais cada um irá impor seu discurso.

As perguntas bem dirigidas podem contribuir para que se aprofunde o pensamento da outra pessoa. Um pouco de vinho ou uma xícara de chá farão o restante.

Feedback

Feedback: É importante certificar-se regularmente de que o que se está contando interessa à audiência. Normalmente, basta ler nos rostos dos interlocutores.

SOLIDÃO

A solidão é o império da consciência.

Gustavo Adolfo Bécquer

A solidão

A **solidão** pode ser entendida positiva ou negativamente, conforme o queiram as pessoas ou circunstâncias envolvidas. Se ela nos vem imposta, é uma sensação desagradável que pode acabar em autopiedade. Quando morre alguém próximo de nós, nos sentimos sozinhos e desprotegidos. No entanto, esse mal-estar é muito diferente, uma vez que obedece a causas externas.

A solidão empregada no sentido correto é um estado natural e necessário para o ser humano, e pode ser muito prazerosa. Os que vivem na cidade, especialmente, se vêem obrigados a viajar, trabalhar e se relacionar com muitas pessoas – conhecidas e desconhecidas. Nossa mente está exposta a estímulos de toda ordem, o que faz com que, no fim do dia, nos sintamos esgotados e confusos.

Nesses casos, é necessária uma cura pela solidão: que pode tanto significar nos reservarmos diariamente uns poucos minutos de total inatividade, como nos programarmos para um final de semana no campo sem mais ninguém. Mas muitos – a maioria! – repelem essa idéia. Sentem-se tão distantes de seu próprio ser que preferem passar o tempo livre acompanhados, ou, ainda, preferem embarcar em cursos ou convenções sociais. O objetivo disso é não se deixar ficar só, nem gozar de um minuto de reflexão.

Quem não conhece a solidão tampouco pode apreciar o contato com o mundo. A solidão é um bálsamo para que se entenda o presente e se projete o futuro.

Dois sintomas

Dois sintomas do medo da solidão:

1. Aceitar a companhia de pessoas que nos desagradam.
2. Fazer coisas que nos aborrecem para não ficarmos quietos, sem atividade.

RESPIRAR

O homem respira, inspira e expira.

VICTOR HUGO

Uma respiração correta é a base da saúde física e mental. Do mesmo modo, uma respiração deficiente repercute negativamente na saúde, no estado de ânimo e no rendimento profissional.

Inspirar e expirar lenta e harmoniosamente permite uma maior oxigenação dos tecidos, o que leva a uma maior vitalidade e a uma juventude mais prolongada. Os iogues medem a duração da vida pelo número de respirações.

O ideal é **respirar** pelo nariz de maneira profunda, lenta, silenciosa e cômoda. Se há ruído ao receber ou expulsar o ar é porque não se alcançou um ritmo suficientemente lento e suave. O menor número de respirações é compensado pela maior profundidade delas. Para isso, é preciso envolver o ventre, o tórax e as clavículas na respiração, de maneira compassada. É o que se chama de "respiração completa". Deve-se, ainda, evitar qualquer tipo de roupa que aperte. Um corpo tenso se traduz, imediatamente, em uma mente inquieta.

A qualidade do ar de que dispomos nem sempre é a melhor, o que faz com que seja conveniente buscarmos, periodicamente, uma reserva de ar mais puro. Podemos ir ao campo ou a um parque para respirar como se abríssemos uma garrafa de um bom vinho. Brindaremos à nossa saúde.

Respirar é imprescindível para a vida,
e é tão importante quanto comer ou beber.
Vale a pena "dar-se um respiro".

MEDITAÇÃO

Sentamos juntos, a montanha e eu,
até somente a montanha restar.

LI PO

O termo

O termo **meditação** possui tantas acepções quantos caminhos tem a mente. Compreende desde a simples reflexão até a visualização ou os exercícios de relaxamento.

Ainda que normalmente esteja relacionada às tradições orientais, sua prática não tem por que ficar restrita à ioga ou ao budismo. Qualquer pessoa pode se beneficiar dos efeitos relaxantes e equilibrantes da meditação.

O mundo interior é tão imenso que vale a pena explorá-lo. Para isso, não é indispensável familiarizar-se com técnicas como as que são descritas no próximo texto. Você pode se concentrar em paisagens elaboradas pela sua mente enquanto viaja em um ônibus ou prepara a comida. O "conhece-te a ti mesmo" de Sócrates é uma ótima proposta para tirar proveito da vida e aprender com os erros. Adentrar qualquer território desconhecido requer certa valentia, e a mente não é uma exceção. Apenas quando averiguamos qual é a semente de nossos atos é que podemos prever os frutos vindouros.

Conhecer-se a si mesmo implica também entender o próximo. O universo é uma tela infinita que cada um tece com seus atos. Todos dependemos de todos.

Meditação

Meditação: Pense no que une você aos demais seres. Comece pelas pessoas mais próximas e estenda progressivamente sua visão até os animais e as plantas.

ATENÇÃO

Não preste atenção no que floresce,
mas na raiz que está na terra.

SANTO AGOSTINHO

O exercício

O exercício de respiração consciente é um bom instrumento para todos os que desejam aquietar a mente e expandir seu olhar interior.

No princípio, bastarão dez ou quinze minutos diários. Procure lugares tranqüilos, afastados de outras pessoas ou do ruído vindo da rua. A postura ideal é a sentada sobre um almofadão firme, com as pernas cruzadas e as costas bem eretas. As mãos podem descansar sobre os joelhos ou sobre o colo, com os polegares unidos e as palmas apontando para cima.

Quando você tiver encontrado uma posição confortável e relaxada, concentre-se unicamente na respiração. Fixe toda a sua **atenção** nas fossas nasais, e observe como o ar entra e sai de forma natural. Como não estamos acostumados a ter a mente vazia, com certeza virá todo tipo de pensamento. Não se impaciente, você não deve aceitá-los nem evitá-los. Limite-se a deixá-los passar como se fossem nuvens. Se você custar a ficar concentrado, pode contar a respiração em séries de dez. Caso se perca antes de terminar a série, volte ao princípio.

O objetivo do exercício é tomar consciência do próprio corpo "aqui e agora" e dar menos importância aos conteúdos mentais, os quais não são bons nem maus em si.

Analise

Analise se há lembranças ou pensamentos que você sistematicamente evita. Talvez você procure estar sempre ocupado para não pensar neles. Conceda a si mesmo a oportunidade de se conhecer.

RELAXAMENTO

Nada pode trazer a paz senão você próprio.

RALPH WALDO EMERSON

Vivemos sob contínua pressão. Parece que a mente precisa estar sempre ocupada. Apenas descansamos nas poucas horas de sono ou quando nos jogamos frente à televisão. Tudo precisa ser feito às pressas e correndo, como se o mundo nos escapasse das mãos.

Em algum momento, você acabará tendo que diminuir o ritmo. O já clássico "é que tenho tanto a fazer" é uma desculpa para manter-se nesse estado, sem repensar as coisas. Se você submete o corpo e a mente a uma tensão ininterrupta, acaba bloqueando-os. Para evitar que isso aconteça, você precisa aprender a relaxar.

Para iniciar-se no **relaxamento**, você pode praticar a respiração completa por alguns minutos todos os dias. Esvazie totalmente os pulmões e em seguida dilate o diafragma para que o ar entre. O ar deve seguir seu caminho natural até o tórax; para tal, as costelas devem se abrir sem esforço. Por fim, seguindo o mesmo movimento harmônico, os pulmões terminarão de se encher até que as clavículas se levantem. Uma vez concluída a inspiração, mantenha-se nesse estado por alguns segundos e, em seguida, solte todo o ar até esvaziar novamente os pulmões.

Enquanto pratica esse exercício – preferivelmente deitado (com a barriga para cima) e com os olhos fechados –, você pode visualizar uma paisagem que lhe evoque um sentimento de paz. Os resultados são extraordinários. O relaxamento é um oásis de iluminação e transformação.

É importante escutar o corpo e atender suas necessidades. Evite que o corpo seja apenas o veículo de suas urgências.

SILÊNCIO

As palavras que jamais foram pronunciadas são as flores do silêncio.

PROVÉRBIO JAPONÊS

Você já procurou

Você já procurou alguma vez escutar o **silêncio**?

Krishnamurti o descrevia como uma qualidade sutil que reside "para além do ruído das palavras". O mundo ocidental, infelizmente, está mais preparado para o ruído que para a profunda canção do silêncio.

Se durante nossa jornada diária estamos expostos ao vozerio das pessoas, ao barulho dos carros e ao zumbido das máquinas, temos que procurar uma pausa que seja suficiente para aquietarmos nossa mente. Nesses casos, o silêncio é um bálsamo necessário que permite descarregar as tensões e recuperar a sensibilidade.

A maioria das pessoas chega em casa esgotada, e não faz outra coisa senão ligar a televisão. Essa é a última coisa de que sua mente necessita. A avalanche de mensagens visuais e as contínuas subidas de volume que dão o tom da publicidade não fazem outra coisa senão confundir os sentidos, já tão saturados pelas marcas que o dia deixou.

Necessitamos de alguns minutos de paz mental para recuperar o equilíbrio e nos abrirmos a novas experiências. Podemos fazer essa pausa enquanto tomamos banho ou, ainda, confortavelmente sentados em uma poltrona. O principal é não fazer nada e desfrutar a tranqüilidade. Podemos pensar o nada. O silêncio acariciará nossos sentidos como uma brisa suave.

Descubra

Descubra o silêncio que se esconde por trás de seus pensamentos. Talvez você encontre nele outro Eu, profundo e tranqüilo.

REALIDADE E MISTÉRIO

Tudo o que uma pessoa pode imaginar,
outras podem tornar realidade.

JÚLIO VERNE

Se nossa realidade

Se nossa **realidade** é tediosa ou uma "caixinha de surpresas", isso depende, em boa medida, dos olhos com que a percebemos. O tédio é o patrimônio dos entediados, assim como a aventura, dos aventureiros. Isso não implica que quem se aborrece o faça por decisão própria. Muitas vezes, por baixo da superfície da insatisfação está ocultado o medo de tomar iniciativas que nos façam perder o pé em nossa rotina.

As pessoas que contam histórias fascinantes costumam levar uma vida semelhante à dos demais. A diferença está apoiada na habilidade destes em captar tudo o que a vida oferece de mágico e misterioso. A cada momento são produzidas coincidências assombrosas, ou acontecem fatos inexplicáveis ou, pelo menos, curiosos. Se nós deixarmos de lado nosso ceticismo e nos deixarmos levar – com prudência, naturalmente – pelo irracional, comprovaremos como nossa atenção se ativa, e um sentimento otimista de quem joga se divertindo se apoderará de nós.

Quando você era pequeno, não brincava de decifrar **mistérios**? Por que não pode fazer o mesmo agora? De vez em quando, olhar o mundo de outra perspectiva é estimulante e divertido. Essa visão lúdica da realidade nos ajuda a nos desprender de nossa carga de seriedade. Nós, adultos, deveríamos ser crianças acrescidas do valor da experiência.

Pense

Pense em todas as coincidências inexplicáveis ou feitos surpreendentes que você vem assistindo em sua vida. Compartilhe-os com outras pessoas; pode ser um tema fascinante para uma agradável reunião noturna.

CRIAÇÃO

Eu não busco, eu encontro.

PABLO PICASSO

Muitas vezes, o costume de admirar a obra dos outros nos faz esquecer que o ser humano em si – qualquer ser humano – tem um terreno criativo praticamente ilimitado. Nossas idéias, palavras, decisões ou fantasias dão lugar a mundos que se abrem e fecham, como uma obra que trafega por cenários inesgotáveis.

Acostumamo-nos a considerar **criação** apenas o que fazem o artista ou o pensador. Essa concepção categoriza nossas ações e pensamentos como algo de segunda classe. Mas não é assim. O que distingue os grandes criadores do resto das pessoas é que eles souberam dar vida a obras de valor universal.

Talvez aquilo que você pense, desenhe ou escreva não seja compreendido por outras pessoas, mas não é por isso que deve ser menos valioso. Tente desenvolver alguma idéia, por mais ambiciosa que seja. Por exemplo, escreva uma pequena história, se é isso que está desejando. Se não se sente preparado, comece com algo mais breve, que você possa levar a cabo em um prazo predeterminado, como um fim de semana.

Não se preocupe se o que criou é bom ou ruim para os outros; você deve apenas se assegurar de que o que criou lhe agrade. Um projeto dessa natureza estimula o intelecto e abre a porta a novas possibilidades. Muitas vezes a criação nos revela aspectos insuspeitos de nós mesmos que podemos utilizar em nosso próprio proveito.

Sugestão: Determine uma data para concluir sua obra; dessa maneira, você se obrigará a criar seguindo um planejamento de trabalho. Pode até comunicar esse compromisso a outras pessoas.

RELIGIÕES E RITUAIS

•••

A divindade está em ti, não em idéias e livros.

HERMANN HESSE

A palavra

A palavra **religião** vem do latim *religione* e deriva de *religare*, que significa "tornar a ligar", "estabelecer um vínculo". O vínculo, supostamente perdido, é entre o ser humano e Deus, e nada mais é que o vínculo entre o indivíduo e a totalidade. Por meio da oração (ou da meditação), das oferendas e das boas atitudes, a pessoa se reconcilia com a realidade superior, chame-se ela Deus ou Ordem Universal. Os **rituais** têm uma dupla missão: unir uma determinada comunidade, que por sua vez se "religa" à totalidade.

No Ocidente, as grandes religiões vêm perdendo adeptos para crenças minoritárias. Parece que o tempo das verdades absolutas está chegando ao fim. As pessoas permanecem buscando a conexão com o universal, mas o fazem através de uma busca mais íntima. A liberdade de pensamento não aceita dogmas.

O ser humano do terceiro milênio não necessita da tutela de autoridades religiosas; pode encontrar por si mesmo sua dimensão espiritual. Uns a encontrarão em um ser superior, outros em um determinado pensamento filosófico ou nas artes. Afinal, a música, a poesia e a pintura não são uma porta aberta ao que há de mais sutil no nosso ser?

Quando nos deixamos levar por realidades mais elevadas, distantes do mundo material, praticamos uma religião na qual os seres humanos são o templo, e a vida, sua sagrada escritura.

Reserve

Reserve um espaço em sua agenda para a espiritualidade. Procure pensar qual é a realidade que existe além de seus atos.

TEMPLOS

O infinito tem sua voz: é o silêncio.

Gabriel Alomar

As igrejas, sinagogas ou mesquitas são construções que propiciam a introspecção e o recolhimento. Ainda que você não seja praticante de nenhuma dessas religiões, a entrada em um **templo** lhe oferece a oportunidade de distanciar-se do ruído mundano para refletir.

Nas cidades, os templos são oásis úteis para se fazer uma pausa antes de regressar ao estresse do mundo exterior. Se você não entra em uma igreja há algum tempo, viva agora a experiência de um modo diferente: deixe-se levar pelo silêncio – ou pelo som do órgão, se tiver o privilégio de poder ouvir um –, abra seus sentidos a esse outro mundo de sensações; você perceberá a luz tênue das velas, o leve odor da vela e do incenso, o espaço que se abre em sua cabeça. Você pode sentar-se em um dos bancos e fechar os olhos; gozará de um momento de tranqüilidade bastante incomum.

Muitas pessoas associam os templos apenas à oração, esquecendo-se de que também são lugares que se prestam para um retiro momentâneo. No banco de uma igreja podemos revisar os acontecimentos que nos sucederam ao longo do dia ou, simplesmente, não pensar em nada. Dez minutos de calma podem fornecer energia suficiente para enfrentar o resto do dia com serenidade e vigor.

Meditação: Utilize velas acesas como foco de atenção. Reflita sobre o significado da luz na escuridão do templo e em sua vida.

UTOPIAS

O sonho é a vanguarda do homem.

PROVÉRBIO RUSSO

Tudo será impossível se assim o imaginarmos. Para atingir uma meta distante, precisamos acreditar nela, e isso vale para todos. Lamentavelmente, não sopram ventos favoráveis para os grandes ideais. A mudança para o século 21 nos assentou, definitivamente, no individualismo, e já são poucos os que confiam em transformações positivas de grandes proporções.

Isso não significa que devamos deixar o mundo tal como está, já que deve haver algum modo de transformá-lo. A solução para catástrofes endêmicas como as guerras, a fome ou o surgimento de novas epidemias depende, atualmente, da ação individual. Se "quem tem fama deita na cama", como se diz, a eclosão das ONGs foi uma maneira muito cômoda de os governos poderem dormir tranqüilamente, ainda que sem terem criado fama. Como essa necessidade já está coberta, podem seguir investindo com outras finalidades.

A responsabilidade se transferiu para os cidadãos comuns. Há muitas maneiras de ajudar para que o trabalho dessas organizações seja mais efetivo: trabalhar ombro a ombro com elas – na sua cidade seguramente há muito que fazer! –, doando em dinheiro ou pressionando as esferas de decisão.

É absurdo pensar que objetivos como esses são **utopias**. E, se realmente o são, o mundo necessita delas, assim como do ar que respira.

Se você não dispõe de informação, a Prefeitura de sua cidade pode situá-lo sobre as ONGs que desenvolvem atividades em sua região. O trabalho voluntário é uma oportunidade de ser útil para a sociedade e de conhecer pessoas que tenham as mesmas inquietações que você.

O PAR IDEAL

Não posso conceber tormento maior
do que estar sozinho no paraíso.

JOHANN WOLFGANG GOETHE

Ainda que pareça

Ainda que pareça um contra-senso, **o par ideal** estará bem quando não tiver a necessidade de estar junto. Para que uma relação seja saudável e criativa, cada uma das metades deve ter vida própria. Desse modo, a união com a outra pessoa dá mais valor à vida sem, para isso, pôr em risco a própria identidade.

Muitos casais se formam basicamente por causa da incapacidade de os indivíduos poderem viver sós. Essas pessoas tendem a se precipitar na escolha dos companheiros e, uma vez estabelecida a relação, adotam posições rígidas que se traduzem em ciúme, posse ou insegurança. Isso se deve ao fato de que não buscavam alguém com quem pudessem compartilhar a existência, mas, apenas, um curativo emocional.

Aquele que está cheio de feridas deve primeiro saná-las para então prosseguir. O que um não pode resolver por si, uma relação a dois não poderá solucionar.

Se você teme pela solidão, pergunte-se o que é que o faz sentir-se incômodo consigo mesmo. Se você necessita de apoio, pergunte-se por que não encontra em si mesmo o suporte necessário.

O amor é, efetivamente, um acontecimento extraordinário. Por isso, é essencial que sirva para elevar nossa vida, e não para suprir uma carência. A flor mais bela não é aquela que arrancamos, mas aquela que chegou até nossas mãos trazida pelo vento.

Por mais que a vida

Por mais que a vida a dois ajude a consolar, não se esqueça de que os problemas são apenas seus. Trate de não esgotar a outra pessoa com suas dúvidas e conflitos.

NATUREZA

Se a natureza tivesse tantas leis quantas tem um Estado, nem Deus poderia regê-la.

LUDWIG BÖRNE

A população

A população está cada vez mais se aglomerando em núcleos urbanos. Isso poderia nos levar a pensar que a vida nas cidades, teoricamente, deveria ser muito mais fácil, mas, na prática, a teoria é outra: é difícil conseguir trabalho, os aluguéis andam pela hora da morte e a qualidade de vida deixa muito a desejar.

Algumas pessoas já estão se dando conta do fato, transferindo sua residência para regiões afastadas, nas quais pode-se desfrutar de mais tranqüilidade e de um ar mais puro. No entanto, nem todos podem se permitir adotar essa opção.

Se esse é o seu caso – ou, então, se é o modo de vida que mais lhe agrada –, então você deveria tentar preservar o contato com a **natureza**. Muitas crianças "de cidade" só conhecem os animais por meio de documentários de tevê, e não sabem o nome de nenhuma árvore. É algo lamentável, já que, ao nos distanciarmos do contato com a natureza, renunciamos a algo essencial.

Uma boa terapia para recuperar nosso espírito silvestre é aproveitar as férias, finais de semana ou feriados para nos reencontrarmos com o mundo natural. Passear, sentar na grama ou abraçar uma árvore encherão nossas reservas de energia e otimismo. Também aprenderemos muito. A natureza é uma mestra incomparável.

Se você deseja

Se você deseja manter contato com a natureza, pode se inscrever em alguma excursão. Costumam-se organizar saídas a cada fim de semana, e a preços módicos.

ECOLOGIA

Deixemos a natureza agir à sua maneira;
ela conhece seu ofício melhor do que nós.

MICHEL E. DE MONTAIGNE

A era da globalização não apenas eliminou as barreiras culturais e comerciais, como também nos tornou mais interdependentes. A explosão demográfica e os graves problemas com a **ecologia** ameaçam o planeta, e exigem que cada pessoa tenha consciência da repercussão de seus atos na comunidade global.

Não basta apenas reciclar vidro ou papel. Em países como Alemanha e Holanda, onde o volume de reciclagem é muito alto, os órgãos de imprensa já denunciaram que, como muitas vezes esses materiais não encontram comprador, terminam "estacionados" nos rincões dos países mais pobres.

Ter mentalidade ecológica não significa não consumir, mas sim consumir melhor. A maior parte das embalagens que utilizamos é totalmente desnecessária, além de contaminar o ecossistema. Para assegurarmos nossa felicidade futura, deveríamos começar por aí. Se os clientes das cadeias de *fast-food* dissessem "não" às sacolas, embalagens e copos descartáveis, esses estabelecimentos não tardariam em modificar sua atitude. Não se deve educar apenas os filhos, mas também as empresas.

A natureza não é um lugar para onde se vai a passeio aos domingos. É nosso pulmão e nossa fonte de sustento. Conservá-la é a única opção inteligente.

Uma atitude ecológica começa por algo tão simples como levar sua própria sacola para as compras. A maioria dos materiais plásticos não é biodegradável, sendo difícil de reciclar.

CONSUMO E VIDA

Há mais compradores que conhecedores.

PROVÉRBIO FRANCÊS

No nosso planeta

No nosso planeta há um pequenino número de países industrializados que concentram os recursos e geram a maior parte da contaminação. Os consumidores desses países são o barômetro do mercado e servem de guia para determinar o que é aceitável e o que não é. A responsabilidade recai em cada comprador individual, já que, toda vez que adquirimos um produto, estamos optando por um em detrimento de outros. As multinacionais se guiam pelas preferências dos compradores, e não o contrário.

É absurdo, por exemplo, escolher um carro de muita potência se ele só será utilizado na cidade. Se os transportes públicos não cobrem nossas necessidades, um carro pequeno nos levará a toda parte e, ainda, nos fará economizar combustível.

Há duas perguntas que deveríamos formular a nós mesmos no momento da compra de um produto: como foi fabricado (se é um alimento, deve-se verificar se tem conservantes, colorantes, estabilizantes etc.; se é outro artigo de consumo, com que material foi fabricado e a que custo ecológico) e em que condições (houve mão-de-obra infantil?; foi fabricado em condições dignas?). Se os hábitos de compra variam, também irá variar a ética das empresas. **Consumo e vida** estão intimamente ligados. Nossa decisão é que determina as regras do jogo.

Informação

Informação: Um estudo de mercado realizado na Alemanha revelou que entre 20% e 35% dos alimentos guardados na geladeira acabam diretamente no cesto de lixo. Não desperdice!

ALIVIAR O PESO

O homem é absurdo por aquilo que busca, grande por aquilo que encontra.

PAUL VALÉRY

A escritora norte-americana Elaine St. James sugere que descartemos tudo que não usamos há mais de um ano. A proposta até que é boa, ainda que muito pouco ecológica. Quem sabe não seria mais razoável pensar no que é que verdadeiramente necessitamos antes de enchermos a casa de trecos imprestáveis?

Por outro lado, na esfera mental pode, sim, ser conveniente fazer uma liquidação de experiências passadas. Com o passar dos anos, acumulamos um "estoque" enorme de agravos, decepções, equívocos e fracassos. Essa carga negativa bloqueia novas iniciativas. Imagine que nosso espírito é um balão que carrega muito peso e então começa a perder altura. Que faríamos? Evidentemente, **aliviar o peso** para retomar o vôo.

Há muitos elementos supérfluos que se acumulam na nossa mente. Entre eles, os projetos inacabados merecem atenção especial. Com freqüência, os planos que não chegam a se realizar ficam em suspenso – em estado latente –, à espera de serem retomados. Esses materiais imperfeitos vão ocupando espaço na nossa mente e comprometem o nosso rendimento, como ocorre com o computador que tem muitos programas abertos de uma única vez. Para que seu "funcionamento" seja ótimo, é importante enviar todas essas "relíquias" ao cesto de lixo, esquecendo-se delas para sempre.

Sugestão: Elabore uma lista com todos os assuntos pendentes de que tenha consciência. Separe em um grupo os realizáveis a curto prazo (determine uma data limite). Anote o resto em um papel e queime-o em um recipiente. Considere que o fogo liberou você deles.

VENCER O MEDO

Deixamos de temer aquilo que aprendemos a entender.

MARIE CURIE

Não é apenas um jogo de palavras: a melhor maneira de **vencer o medo** é não ter medo. Que é que isso significa? Basicamente, que o primeiro passo para superar um obstáculo é reconhecê-lo e respeitá-lo. Se está ali, algum motivo deve haver. Convém explorá-lo, já que provavelmente está nos transmitindo uma mensagem importante.

Uma vez que tenhamos reconhecido a pedra e a tirado do meio do caminho, poderemos estudar como eliminá-la para sempre. Por exemplo, se os lugares fechados provocam em você uma sensação de falta de ar ou palpitações, você pode fazer alguns exercícios de relaxamento antes de entrar em um edifício qualquer. Um bom instrumento para aplacar qualquer fobia é o controle da respiração. As situações de pânico costumam vir acompanhadas de uma respiração rápida e entrecortada. Ao impormos um ritmo mais lento, desativamos – ao menos parcialmente – o sinal de alerta que desencadeia todo o processo. Se o problema não recuar, uma terapia comportamental pode ajudá-lo a desenvolver estratégias para dominá-lo. Soluções medicamentosas devem ser adotadas apenas em último caso, e apenas com recomendação médica.

O medo é um mecanismo básico de proteção e não deve nos envergonhar. Ninguém está isento dele, que é um mal necessário. Compreender o medo é a chave de sua superação.

Uma técnica recomendada para tratar as fobias é a observação detalhada dos sintomas. Observe tudo que acontece no seu corpo sem se deixar levar pelo pânico. Aprenda com suas próprias reações e pense que nada pode lhe acontecer.

APRENDER

Quanto maior é a ilha do conhecimento, maior é o litoral do assombro e da curiosidade.

Ralph W. Sockman

Ensinam-se muitas coisas nas escolas, mas raramente se aprende a **aprender**. Esse termo costuma estar relacionado com o ato de memorizar, acumular ou interiorizar algo que talvez não tenha sido compreendido.

Há uma acepção mais profunda desse verbo, que faz referência à compreensão e à experiência direta. Quando queremos estudar algo novo, podemos fazê-lo de dois modos: "de fora" ou "de dentro". Se o fizermos "de fora", estaremos aplicando a primeira acepção de aprender.

Vamos supor que temos em mãos um livro de biologia. Do primeiro modo, leremos um capítulo e daremos a leitura (o "aprendizado") por encerrada. Se tivermos um exame pela frente, repetiremos tudo o que imaginamos reter e, minutos depois, nosso cérebro começará a se esquecer dessa informação, uma vez que ela não servirá para mais nada.

Do segundo modo, se lermos "de dentro", provavelmente a leitura será mais lenta, mas assimilaremos os conceitos. Depois de ler uma frase, deveríamos nos perguntar: "O que isto significa para mim?". Se pudermos reformulá-la com nossas próprias palavras e aplicá-la à realidade, teremos apreendido seu sentido real. Um conhecimento desse tipo não é eliminado facilmente, já que é um material valioso que o intelecto pode usar a qualquer momento.

Teste: Escolha um texto breve e faça uma primeira leitura, no seu próprio ritmo. Anote o que entendeu. Volte a ler o texto, detendo-se para pensar o significado de cada frase. Compare o conhecimento que adquiriu com suas primeiras anotações.

CÉU

Creio que, se nos puséssemos a olhar firmemente para o céu, acabaríamos por criar asas.

GUSTAVE FLAUBERT

A origem

A origem do fascínio que o **céu** estrelado exerce nos seres humanos se perdeu pela noite dos tempos imemoriais. Nossos antepassados mais distantes viam uma imensa tela habitada por deuses. As concepções do universo vêm se alterando, mas o poder de atração dos astros permaneceu.

Lamentavelmente, se você vive em uma cidade grande, rara ou dificilmente verá o céu em todo o seu esplendor; na melhor das hipóteses, poderá avistar umas poucas estrelas, caso tenha uma varanda. Por isso, é importante dar uma escapadela a um campo aberto de vez em quando. Por menor que seja o tempo de que você dispõe, vale a pena levar um saco de dormir e passar algumas horas observando a abóbada celeste. Se o tempo estiver bom, poderá dormir sob um cenário esplêndido – que ficará ainda melhor, evidentemente, se você estiver acompanhado.

A sensação de vertigem e imensidão que essa visão produz é incomparável. Pensar que as estrelas que estamos admirando podem ter deixado de existir há milhares de anos não faz mais do que incrementar esse sentimento sublime. Assim nos damos conta de nossa pequenez e da perfeição da obra universal, tenha ou não autor.

Não há droga, espetáculo ou realidade virtual que possa se comparar com o que está sobre a nossa cabeça.

Sugestão

Sugestão: Se você deseja se familiarizar com o céu, pode estudar as diferentes constelações em um mapa. É apaixonante identificá-las e descobrir as formas que lhes deram o nome.

TERRA

A natureza é grande nas coisas grandes,
mas é muito grande nas coisas pequeninas.

BERNARDIN DE SAINT-PIERRE

Poucas pessoas sabem como são as árvores e as plantas das quais se originam os frutos que consumimos. Acostumados a comprar a verdura e a fruta embalada no supermercado, nós perdemos o espetáculo do crescimento e maturação dos bens que vêm da **terra**.

Nas grandes cidades, o contato com a terra fica restrito a uns poucos parques e às flores e plantas que mantemos em casa. Esses pequenos oásis de vida natural são extremamente importantes. Quem já trabalhou ou viveu no campo é consciente do manancial de vida que habita em um punhado de terra.

Talvez a terra com a qual enchemos os vasos de nossas plantas não contenha os pequenos habitantes que sulcam um campo de cultivo, mas é igualmente estimulante trabalhar com ela. Só pelo fato de sentirmos nas mãos a umidade da terra e seu cheiro intenso já nos colocamos em contato com a mãe natureza novamente.

É importante ter plantas e flores em casa. Mas é ainda melhor quando nós mesmos as plantamos – podemos adquirir sementes e bulbos de nossa espécie preferida e nos regozijarmos com o espetáculo de seu nascimento e floração. Dessa maneira, estabeleceremos uma relação muito mais direta com elas do que se as comprarmos já crescidas. E nos sentiremos pais de um remanso de vida e harmonia que embeleza nossa morada.

Sugestão: Se você tem filhos, proponha a eles que coloquem uma batata ou uma sementinha de pêra num recipiente com água. Em poucos dias, eles assistirão a uma profunda experiência, a do despertar da natureza.

SÍMBOLOS

Todos vêem aquilo que tu pareces,
poucos sentem o que és.

NICOLAU MAQUIAVEL

O território

O território humano está repleto de **símbolos**. Quando saímos pelas ruas encontramos todo tipo de significadores: sinais de trânsito, letreiros, crucifixos... Há um mundo de símbolos sutis em que não reparamos conscientemente porque já estão profundamente assentados em nosso inconsciente.

Pode ser divertido distanciar-se destes referenciais e lhes outorgar um significado distinto. Experimente e veja o que acontecerá com você. Provavelmente, a realidade sofrerá uma rasteira considerável.

Os símbolos têm um espaço e uma importância muito grandes em nossa vida cotidiana. Na realidade, estão presentes na maioria dos movimentos e das conversas. Grande parte desses episódios permite uma leitura superficial e outra profunda. Se ficarmos na superfície, saberemos o "quê", mas não saberemos o "por quê". Por exemplo, observaremos que uma pessoa que trabalha conosco modificou sua maneira de vestir-se, mas não descobriremos as causas de tal transformação. Talvez pareça um detalhe insignificante, mas se essa pessoa é, por exemplo, nosso superior imediato, essa mudança pode traduzir uma informação valiosa.

Em muitos atos, conversas e, naturalmente, nos meios de comunicação, costuma haver uma intenção aparente e outra mais profunda. Aprender a ler as entrelinhas pode dar a você uma vantagem que o ajudará a prevenir muitos inconvenientes.

Faça

Faça este simples exercício: Recorte cinco anúncios de jornais ou revistas e analise-os detalhadamente. Observe que símbolos são empregados em cada um e qual é o seu objetivo. Decifre a verdadeira mensagem.

ESCADAS

Se você se sente atraído a chegar até uma altura difícil e verdadeiramente perigosa, não confie em asas postiças. [...] acredite, o melhor será que você use uma escada.

BENITO PÉREZ GALDÓS

Todo grande projeto requer um bom planejamento e grandes doses de paciência. Um exemplo clássico é uma carreira acadêmica ou uma formação que nos sirva de escada e nos permita mudar de trabalho. Por isso, as **escadas** deveriam estar presentes em todos os setores da vida.

Qualquer mudança importante deve ser dividida em diferentes etapas a conquistar, e estas devem ser exeqüíveis. Por exemplo, se um casal passa por uma crise originária de um problema sério, o conflito não será solucionado da noite para o dia. Os dois deverão começar pelas pequenas coisas, cuja melhora os encaminhará para a superação das "grandes questões". Por exemplo, eles podem reservar-se uma hora ao dia para estarem juntos e conversar, livres da pressão cotidiana.

Se se trata de um projeto artístico ambicioso – fazer uma exposição, escrever um romance ou participar de um filme –, escadas são ainda mais importantes. O que se deve fazer, de cara, é averiguar quais são as possibilidades. Em primeiro lugar, deveria se elaborar uma lista das pequenas galerias ou centros de exposição que aceitam trabalhos de artistas iniciantes. Se você for com uma obra debaixo do braço até uma grande galeria, o mais provável é que eles o recusem, e a decepção o fará abandonar o propósito inicial. Para esse tipo de investida, as melhores armas são a modéstia, o trabalho e um moral a toda prova.

Não é conveniente submeter uma iniciativa à opinião de uma única pessoa. Será mais útil contar com vários pontos de vista.

TOTEM

A tendência natural do espírito humano é crer antes de saber.

GASTON BOUTHOL

Os povos antigos viam no **totem** – um animal, planta ou objeto de significado especial – um ponto de referência que unia o grupo. Normalmente, era proibido matar, comer ou mesmo tocar o totem, considerado um "espírito guardião".

Em nossa sociedade não há totens propriamente ditos, mas há relações totêmicas. Tendemos a seguir personagens reais ou lendárias que aglutinam e dão identidade ao grupo. Pode ser um líder religioso, um partido político ou uma corrente de pensamento. Há algo em comum em todos eles: a autoridade incontestável que o totem exerce sobre os adeptos. Estes repetem mecanicamente as palavras do mestre e se apropriam de gestos que, na realidade, são meramente repetições. Se alguém levanta a voz ou discute parte do dogma, os adeptos se voltam contra ele ou o desqualificam. Essa atitude obedece ao temor de pôr em dúvida algo que já se dá por "certo". Todos buscam algum tipo de segurança, e é muito desanimador reconstruir um castelo de cartas quando ele já está na altura de nossos olhos.

O melhor antídoto contra a cegueira mental é duvidar de toda verdade que se apresente como tal. Tudo é discutível, e em qualquer doutrina – uma vez que são construções humanas – se confundem verdade e mentira, fato e especulação.

Por isso é conveniente sermos seletivos e encontrarmos nossa própria sabedoria. Toda idéia merece ser respeitada, mas também posta em dúvida; mesmo as propostas deste livro.

A validade de um dogma reside em sua utilidade. Quando você for rever suas convicções, pense se elas o ajudam a viver ou se, pelo contrário, põem amarras na sua existência.

CULTURA E MUSEUS

Se o mundo fosse óbvio, a arte não existiria.

ALBERT CAMUS

Muitas pessoas

Muitas pessoas que vivem em grandes cidades deixam de aproveitar as oportunidades que elas oferecem. Se viver entre enormes blocos de cimento nos traz sérios inconvenientes, vale a pena desfrutar a **cultura** do formigueiro humano.

Se você não é muito chegado a **museus** ou exposições, ou a assistir palestras, este é um bom momento para começar a tentar. Consulte o jornal ou guia cultural mais à mão. Talvez a dois passos de sua casa haja um museu em que você nunca pôs o pé, ou uma exposição de arte interessante. Vá descobri-la como se você fosse um explorador que penetra em um terreno desconhecido. Não tenha medo de ficar entediado – há algo mais tedioso que ficar, dia após dia, em frente à televisão? Se as ofertas culturais existentes não lhe agradarem, ao menos você terá opinião formada, e poderá comunicá-la a qualquer pessoa. De todo modo, sempre haverá algo que lhe chamará a atenção.

Por outro lado, se o assunto forem palestras, será mais fácil para você selecionar um tema de seu interesse. A maioria delas costuma ser gratuita, e elas são uma excelente oportunidade para ampliar conhecimentos e conhecer outras pessoas.

Não fique entrincheirado dentro de casa num dia livre. Saia, tome um vento no rosto e se abra para conhecer outras realidades. Suas quatro paredes são uma parte ínfima da vastidão do mundo.

Proposta

Proposta: Se lhe agrada ir a exposições de arte, você pode manter um caderno especial para anotar seus comentários. Anexe o programa e/ou algum recorte de jornal que tenha se dedicado ao assunto. Você também pode incluir outros assuntos: cinema, teatro, palestras etc.

IDIOMAS

A língua não é o invólucro do pensamento, mas o próprio pensamento.

MIGUEL DE UNAMUNO

Aprender um idioma

Aprender um **idioma** estrangeiro é um bom modo de ampliar nossos horizontes geográficos e intelectuais. Além das vantagens óbvias – entender e ser entendido de modo mais amplo ou ler os autores de que gostamos em sua própria língua –, a aquisição de um novo idioma tem grande repercussão na formação de qualquer pessoa.

O conhecimento de uma língua é uma aventura que não apenas implica aprender vocabulário e um sem-fim de regras gramaticais, mas também seu entorno: território, cultura, gastronomia, autores, religião etc. Não é apaixonante?

A construção de cada idioma reflete o caráter de seus falantes. Para utilizá-lo adequadamente – uma vez aprendidos os rudimentos –, é preciso pensar como um nativo. Isso enriquece notavelmente nossa visão da realidade, pois nos obriga a adotar uma perspectiva diferente.

Talvez o empreendimento pareça difícil para os que perderam o hábito de estudar. Mas não há por que ser assim. Cada um deve aprender segundo seu ritmo e grau de interesse. Alguns optarão por um curso intensivo; para outros, talvez, seja suficiente a leitura de um pequeno livro que os ajude a memorizar umas poucas palavras-chaves, enquanto se deslocam para o trabalho.

Seja como for, é uma atividade estimulante para a inteligência e a determinação. O conhecimento é um bem que, uma vez adquirido, nos devolve com juros o tempo investido.

Sugestão

Sugestão: Se você estuda idiomas, acostume-se a ver filmes na versão original. É um ótimo método para treinar o ouvido e conhecer a cultura do país.

TRAÇOS

Pinto lentamente, porque pinto para a eternidade.

ZÊUXIS

Nas cavernas de nossos antepassados, os desenhos eram feitos para evocar e propiciar a caça. Se alguém observar detidamente essas representações rupestres, chegará à conclusão de que a arte não mudou tanto desde então. E, no entanto, se passarmos a observar a arte produzida na Idade Média ou no Barroco, a impressão será muito diferente. Que ocorreu com os seres humanos para que voltassem às origens?

Na obra de muitos artistas atuais, predominam os **traços** simples e primitivos. Muitos pintores abominam a pintura realista e querem voltar-se à linguagem simbólica, numa espécie de retorno particular à caverna.

Se o pincel o tem interessado, não é necessário que você tenha grandes conhecimentos técnicos. Pode experimentar com grafite, carvão ou canetinha para descobrir com qual material você se sente mais à vontade. Tente representar objetos simples que tenha em casa, ou o perfil de algum familiar. Pouco a pouco você irá adquirindo um estilo próprio que lhe dará liberdade criativa.

Desenhar apazigua a mente e potencializa a concentração. Não raro, o pincel se torna independente da mão e reflete no papel traços do inconsciente.

Simônides dizia que a pintura é poesia muda. As imagens que brotam do papel são um reflexo do poeta que dorme em seu próprio interior.

Uma experiência divertida: Cubra a parede de seu quarto de papel branco e desenhe suas próprias representações para que a "caça" lhe seja propícia. E se funcionar?

MÚSICA

Uma nota é uma asa colocada ao pé de um verso.

ALPHONSE KARR

A música

A **música** é uma arte sutil e indefinível. Podemos explicar a alguém o conteúdo de um livro ou de um filme, ou ainda a composição de um quadro, mas como explicar uma sonata sem cantarolá-la?

Existe um grande prazer em iniciar-se em músicas desconhecidas. Como em tudo, trata-se de ir passo a passo. Se você quer, por exemplo, explorar o território sonoro do Barroco, pode começar pela audição de peças simples e conhecidas. Talvez haja algum programa de rádio ou você conheça algum especialista que possa lhe fazer alguma recomendação.

As qualidades terapêuticas da música já estão suficientemente demonstradas. Há uma música para aplacar cada estado negativo: o nervosismo (um adágio ou uma peça de jazz bem suave), a tristeza (uma sinfonia radiante ou uma peça étnica cheia de vida), o cansaço (uma marcha, uma valsa ou – por que não? – um rock'n'roll).

Já que poucas coisas são mais subjetivas do que a música, você é quem deve, à medida que vai fazendo suas descobertas, organizar seu próprio repertório para combater qualquer estado de ânimo adverso. Você pode ter uma seleção com gravações para começar o dia, outra de músicas para relaxar, para acompanhar uma leitura etc. Isso evidentemente não significa que você tenha de renunciar ao silêncio. É você quem decide quando toca a trilha sonora de sua vida.

Antes de adquirir

Antes de adquirir um disco, tenha em mente que uma peça musical pode variar muito em função de quem a executa. A versão de Karajan para o *Cânon* de Pachelbel parece uma marcha militar!

LIVROS

Um bom livro é como um jardim
que se leva no bolso.

PROVÉRBIO ÁRABE

O leitor é um explorador que entra por vontade própria no universo do autor. Decide quando começa a história, se esta avançará lenta ou rapidamente, põe cores nas paisagens e dá rostos aos personagens. Pode decidir interromper a cena para retomá-la meses mais tarde.

Em relação ao cinema ou ao teatro, o livro é um objeto interativo no qual o autor se limita a sugerir uma realidade; é o leitor quem deve completá-la.

Uma livraria é como uma mansão com milhares de portas. Da mesma forma que na descrição que Jung fazia do inconsciente, cada porta dá acesso a um mundo diferente. A diferença é que esse mundo foi criado conscientemente por um autor que desejava oferecê-lo pensando em um leitor.

Quando caminhamos entre as estantes de **livros**, abre-se diante de nós uma infinidade de possibilidades. Se não buscamos nada específico, pode ser emocionante adquirir uma obra que seja completamente desconhecida para nós. Podemos nos deixar levar pela intuição e escolher um determinado romance porque seu título ou capa nos sugeriu algo especial.

É importante começar a leitura em um lugar e momento adequados. Você deve se sentir tranqüilo e animado, disposto a participar do jogo que o autor propõe. As páginas de um livro bem escolhido são o melhor antídoto contra o estresse e o mau humor.

Sugestão: A introdução de alguns livros – especialmente no caso dos clássicos – muitas vezes é tão comprida que cansa o leitor antes mesmo que ele comece a leitura. Deixe-a para o final!

CALIGRAFIA E ESCRITA

O papel escrito arde o mal.

MIKHAIL BULGAKOV

Nos países orientais, a **caligrafia** é uma arte milenar equiparada à pintura. Há mestres calígrafos admirados pela pureza e expressividade de seus traços. Cada letra ou ideograma reflete a escola ou estilo pessoal do autor.

Ultimamente, tem se manifestado entre nós, ocidentais, um certo interesse pelas caligrafias chinesa e japonesa, e há quem busque cursos como esses como terapia para relaxamento ou pelo simples desejo de recriar esses caracteres.

Mesmo que as letras de nosso alfabeto não carreguem tanta riqueza simbólica – existe um dicionário que listou mais de um milhão de simbologias chinesas diferentes! –, elas também possuem beleza e, no final das contas, expressam a personalidade de quem as escreve. Lamentavelmente, o uso cada vez mais maciço dos teclados eletrônicos nos faz temer pelo futuro da **escrita** a mão em nosso mundo contemporâneo.

Recupere o hábito de escrever sobre o papel, melhor ainda se dispuser de uma pena. Pode ser uma atividade agradável ter à mão um caderno no qual, ao fim do dia, você anota suas impressões. Não tenha pressa, desfrute o toque da ponta sobre a superfície lisa. Experimente novos estilos de letra ou combinações de maiúsculas e minúsculas.

O monge que habita dentro de você lhe mostrará o caminho da serenidade.

Proposta: Um exercício muito interessante é inventar seu próprio sistema de símbolos. Você pode utilizá-lo para comunicar-se com outras pessoas ou pelo simples prazer de criar.

CORES

A beleza que os olhos contemplam não morre.

JOHN G. WHITTIER

Ainda que cada um

Ainda que cada um de nós tenha suas **cores** favoritas, conforme nosso estado de ânimo tendemos a nos inclinar por uma tonalidade ou outra. A mudança de preferência pode conter uma informação valiosa sobre nosso estado emocional. Comprovou-se, por exemplo, que as pessoas costumam vestir-se com tonalidades escuras quando se sentem tristes ou com cores neutras quando estão cansadas ou estressadas.

Se você compra roupas brilhantes, pode significar que está se sentindo debilitado ou está desanimado. Quando alguém subitamente muda sua preferência de cor, vale a pena analisar os motivos que levaram a essa mudança.

A cor não é apenas um barômetro, também pode ser utilizada de maneira ativa para conseguir determinados efeitos. É disso, basicamente, que se ocupa a cromoterapia. Ela utiliza a freqüência das diferentes cores para influenciar o inconsciente do indivíduo. O vermelho, por exemplo, é excitante; já o azul leva à calma. A recepção psicológica das diferentes cores é algo que se deve levar em consideração, sobretudo antes de pintar os cômodos da casa ou apartamento. Assegure-se de encontrar o tom que seja mais benéfico para você. As paredes que nos rodeiam têm o espírito de nossos pensamentos.

Experiência

Experiência: Utilize cartolinas coloridas para comprovar o efeito que as cores produzem em seu estado de ânimo. Você pode fixar-se em cada cor por cerca de trinta segundos. Anote todas as impressões que surgirem durante o exercício.

SOL

Ao sol senta-te. E abdica para ser rei de ti mesmo.

FERNANDO PESSOA

Todo mundo necessita de um pouco de luz em sua vida. Desde tempos imemoriais o **sol** tem se relacionado com a divindade e a verdade. Não é por acaso que Siddhartha Gautama, o Buda, chamou de iluminação o estado de profunda compreensão da realidade.

Muitas pessoas experimentam uma considerável queda em seu estado de ânimo nos meses em que a luz é mais fraca. É o que se denomina depressão sazonal. De fato, nos países em que a luz solar tem pouca incidência ou está muito polarizada – como no norte dos estados escandinavos – os transtornos mentais são mais comuns do que nos países equatoriais ou tropicais. Portanto, há relação entre os raios de sol e o estado de ânimo.

Se você tem a sorte de viver em um lugar quente, aproveite esse bem tão escasso em outras latitudes. Não espere até passar uma temporada na neve para valorizar o prazer de passear durante um dia ensolarado. Olhe para as nuvens que passam, o vôo dos pássaros, sente-se à varanda.

A energia solar é uma fonte de energia limpa e inesgotável que não é suficientemente aproveitada. Se sua casa recebe bastante sol, você pode estudar a possibilidade de instalar placas solares para obter água quente.

CHUVA

A simplicidade é uma força
que vence todas as astúcias.

STENDHAL

Nos países quentes, a **chuva** convida ao recolhimento e à reflexão. É muito prazeroso dormir sob o aconchego de mantas e acompanhado da suave melodia da água ao fundo.

Quando a chuva nos surpreende, ao despertarmos, isso não deve ser motivo para tristeza. Se for feriado, provavelmente acarretará uma mudança nos planos, mas também uma oportunidade de fazer coisas que não havíamos previsto. Pode ser muito agradável sentar perto de uma janela para terminar a leitura de um livro que deixamos pela metade, ou revisar os acontecimentos da semana na companhia de uma boa xícara de chá.

Como a sensibilidade das pessoas aumenta ante os fenômenos naturais, será uma excelente ocasião para escrever a um amigo ou meditar sobre algum aspecto de nossa vida que tenhamos abandonado. Os dias de chuva também são excelentes para restabelecer o contato telefônico com alguém com quem não falamos há algum tempo. Do mesmo modo, são momentos de grande criatividade nos quais podemos tomar decisões importantes. Se sempre estamos indo de um lado para o outro, a cortina de água nos manterá dentro de casa para descansarmos e passarmos nossos assuntos em revista.

Após a chuva, as ruas refletem o ressurgimento do sol, que brilha com mais entusiasmo. Devemos apreciar a poesia escondida por trás da chuva. Afinal, a água não é a mãe da vida?

Meditação: Feche os olhos e tome consciência das preocupações, dúvidas ou anseios que habitam sua mente. Visualize como a chuva penetra em seu espaço mental e afasta todas as tensões. A tormenta mental dá lugar a uma paisagem sublime na qual impera a calma.

AMABILIDADE

As grandes almas são como as nuvens:
recolhem para dar.

KALIDASA

A **amabilidade** é uma virtude à qual não costumamos dar a devida importância. Muitas pessoas se escudam em uma suposta honestidade – que nada mais é que arrogância e desconsideração – para humilhar aqueles que as rodeiam.

Ser amável é uma qualidade da alma que abre caminhos e torna doce a existência, tanto a nossa como a dos demais. Essa amabilidade não deve se alimentar da conveniência e da falsidade, mas da sensibilidade que habita cada coração humano.

Na comunicação é onde mais se torna necessária a aplicação dessa virtude. A pessoa amável, por exemplo, nunca se sobrepõe ao seu interlocutor. Demonstrar o que se sabe – e o outro desconhece –, o que se possui ou a própria importância não apenas é um indicativo de profunda ignorância, como é uma outra forma de manifestação da violência. O interlocutor sensível procurará a todo tempo que a outra pessoa não se sinta deslocada ou em posição de inferioridade. Para isso, talvez a pessoa tenha de refrear seus méritos – que, de todo modo, somente interessam a ela – e encontrar um ponto comum sobre o qual ambos possam dialogar.

Os que sistematicamente sofrem com o rechaço dos demais fariam bem em pensar se isso não se deve à sua falta de delicadeza. Ser amável significa muito mais, mas um bom ponto de partida é honrar e respeitar o valor e a opinião do outro. Ser hospitaleiro com as emoções alheias é a melhor maneira de ganhar sua estima e apoio.

A amabilidade

A amabilidade não implica dizer à outra pessoa o que esta quer ouvir. Muito pelo contrário. Se você tem certeza de que alguém está cometendo um erro, deve alertá-lo.

CARTAS QUE FALAM

*Ninguém é mais solitário do que aquele
que nunca recebeu uma carta.*

ELIAS CANETTI

A proliferação do e-mail, ou correio eletrônico, contribuiu para o fato de muitas pessoas terem abandonado a arte de escrever **cartas** (e, portanto, recebê-las). Hoje em dia é considerado um atraso de vida pegar uma folha de papel e começar a escrever com uma caneta, caprichosamente, o que lhe dita a inspiração. Não bastasse, ainda por cima é necessário um envelope, comprar selos e achar uma caixa de correios. Que grande perda de tempo!

E, no entanto, esse é um ritual cheio de beleza. Quando recebemos uma carta, recebemos muito mais do que palavras. O envelope e o papel **falam** da pessoa: têm uma determinada textura e cor, talvez tragam um pouco de seu perfume. A escrita revela o estado de ânimo de seu autor e pode vir acompanhada de desenhos ou de uma folha outonal. Quem sabe a folha não caiu no colo da pessoa e isso a faz se lembrar de você?

A mais simples das cartas tem algo de reflexão e poesia. É, ao mesmo tempo, mensagem e mensageira. Percorreu uma longa viagem até chegar às suas mãos e tem muito que contar.

Sente-se em um café ou na sala de sua casa e escreva a alguém de quem não tem notícias. Conte-lhe como está, quais seus projetos ou lhe pergunte a opinião sobre algo que esteja inquietando você. Seus pensamentos começarão um vôo suave. Não há peso mais agradável que o de uma carta no bolso.

Sugestão: Se lhe agrada "espiar" a vida privada de grandes personagens históricos, há muitos livros que compilam a correspondência de escritores, artistas e políticos. Entre as mais conhecidas está aquela entre Van Gogh e seu irmão (*Cartas a Theo*) ou a de Kafka (*Antologia de páginas íntimas*).

PREÂMBULOS

Quando iniciares tua viagem a Ítaca,
que teu caminho seja longo.

KONSTANTINOS KAVÁFIS

O viajante apaixonado sabe que o importante é o caminho e não o lugar para onde se vai. O mesmo ocorre com tudo o que vivemos. Como não podemos reter com precisão o momento na memória, ao prazer sucede o vazio. Por isso é tão importante prolongar a experiência e saboreá-la plenamente quando está ocorrendo.

As pessoas que correm sempre atrás de um objetivo não costumam desfrutar as coisas. Tão logo alcançam algo, e uma vez que não encontram satisfação, já se lançam a outra meta qualquer, a qualquer preço, a qual tampouco bastará e as levará a uma terceira. É uma boa política se alguém quiser ser infeliz.

A felicidade consiste precisamente em não adiá-la. Para tanto, é preciso dar mais importância aos **preâmbulos** que ao objetivo em si. Se, por exemplo, você organizou um jantar com os amigos, peça a algum deles que venha ajudá-lo e divirta-se durante o preparo da comida, as pausas e a boa conversa. Ponha entusiasmo naquilo que estiver fazendo e a tarefa será mais leve.

O ato sexual é o exemplo por definição. Os preâmbulos – o ato de tirar as roupas, as carícias, o estímulo mútuo – são muitas vezes mais excitantes que o orgasmo em si, portanto, quanto mais se prolongam, maior é o prazer.

A viagem começa a partir do momento em que você a concebe.

Pense

Pense nos preâmbulos de sua rotina (o despertar, o banho, o café da manhã, o percurso até o trabalho, a volta para casa...) e em como você pode tirar proveito deles.

ANIMAIS AMIGOS

Uma casa que não tem um gato, um gato bem amado e respeitado, pode até ser uma casa perfeita. Mas como é que ela vai comprovar o título?

MARK TWAIN

Os que detestam

Os que detestam os **animais** não compreendem por que há tantas pessoas que têm em casa gatos ou cachorros – para não citar um sem-fim de pequenos animais que, na realidade, estariam muito mais felizes se estivessem em liberdade. Dizem que a vida já é suficientemente complicada para se pôr a limpar e a alimentar mais um ser vivo.

É uma opinião perfeitamente respeitável. No entanto, essas pessoas desconhecem os sinais de reconhecimento que estes manifestam aos seus donos. Além de seu amor incondicional, os animais nos colocam em contato com nossos instintos perdidos. Por isso nos fascina observar suas brincadeiras e descobertas.

E não é só. A medicina vem demonstrando que gatos e cachorros são uma boa terapia para as pessoas que sofrem de depressão, estresse ou hipertensão. O simples fato de acariciar um animal faz com que nosso ritmo cardíaco diminua e nos sintamos relaxados.

Se a idéia de trazer para casa pequenos **amigos** o seduz, talvez você possa optar por oferecer proteção a animais que tenham sido abandonados. Eles o agradecerão eternamente, e você ainda irá reparar uma injustiça que não tem paliativos.

De repente, você terá alguém que irá se alegrar em sua chegada e que estará desejoso de brincar. Os animais domésticos são nossa porta de entrada para o livro aberto da natureza.

Conselho

Conselho: Se não está em casa durante todo o dia ou não dispõe de muito tempo, é preferível que você tenha um gato. Diferentemente dos cachorros, os gatos lidam muito bem com a solidão e não necessitam sair para a rua.

RIR

Como todos os jovens, eu me propunha a ser um gênio, mas felizmente interveio o riso.

LAWRENCE DURRELL

Rir é a melhor terapia

Rir é a melhor terapia contra o tédio e a depressão. Há estudos que demonstram o efeito positivo do riso no estado físico e emocional do indivíduo. Tanto que há cursos que ensinam os participantes a rir.

No entanto, a ação em si não tem muito valor se não for acompanhada de uma atitude interior de inteligência e leveza. Rir é, basicamente, dar importância relativa a tudo o que nos afeta: algo errado conosco, com o trabalho ou com nossa vida conjugal. Essa percepção é, paradoxalmente, muito séria, já que implica assumir que as coisas não são tão importantes como imaginamos.

Rir não significa tirar sarro dos demais, mas da gravidade do mundo e da dor que nós mesmos nos infligimos.

A sabedoria popular diz que é errado atormentar-se com as coisas: se algo tem solução, logo descobriremos a maneira de consertá-lo; se não tem, é inútil que pensemos nisso.

De qualquer modo, é mais fácil resolver um problema se nos distanciarmos dele e o abordarmos com objetividade. Na realidade, preocupar-se excessivamente não só é contraproducente como pouco eficiente. As pessoas que levam a vida muito a sério tendem a tomar decisões precipitadas ou as evitam por medo de fracassar. Ao rir, assumimos a verdadeira dimensão das coisas e saímos flutuando de nosso copo d'água.

Conselho

Conselho: Se você passa por uma má fase, evite os filmes ou livros de conteúdo dramático ou violento. O que você vê ou lê exerce uma poderosa influência sobre seu estado de ânimo.

MEIO-TERMO

A virtude está no meio-termo.

ARISTÓTELES

Um psiquiatra americano aconselhava ser moderado inclusive com a moderação. Por exemplo, se uma pessoa segue rigorosamente uma dieta – sem se permitir o menor deslize –, é possível que termine desistindo ou que se deprima. É muito louvável tomar iniciativas para ter mais saúde, corrigir os defeitos ou melhorar o rendimento, mas de vez em quando é preciso parar para respirar.

O mesmo pode se aplicar às pressões morais. É tão injusto culpar os demais quanto assumir todas as culpas, uma vez que, quando tem início um conflito, todas as partes costumam ter uma parcela de responsabilidade. Para tanto, é preciso perseguir uma visão equilibrada da realidade e saber onde se está exatamente. A realidade não costuma residir no preto ou no branco, mas num jogo de cinzas que permite muitas interpretações.

A busca do **meio-termo** consiste precisamente em encontrar o equilíbrio entre os extremos. É insensato entregar-se aos prazeres sem medida, já que, depois de um tempo, o que é prazeroso deixa de sê-lo. Tampouco é razoável negar-se todo tipo de satisfações em virtude de qualquer ideal. A flexibilidade é uma qualidade necessária para avançar em um mundo cheio de rigidez.

Sugestão: Se você está imerso em um conflito, pode traçar um esquema com uma coluna para cada parte implicada. Anote as atitudes positivas e negativas de cada aspecto do problema. Não esqueça de se incluir! Isso o ajudará a ver a situação de outra perspectiva.

ARQUEOLOGIA PESSOAL

A recordação é o perfume da alma.

GEORGE SAND

Há viagem mais interessante que a que se faz dentro de si mesmo? Ao longo da vida nós nos esquecemos da quase totalidade das nossas vivências. O que hoje lembramos com clareza, daqui a um mês terá se reduzido a umas poucas imagens e, talvez, a um punhado de frases. Daqui a um ano teremos sorte se pudermos resgatar uma impressão que seja desse dia.

Esse fato inapelável levou Proust a escrever *Em busca do tempo perdido*. Na obra, o protagonista começa a recuperar passagens esquecidas ao saborear uma madalena, coisa que não fazia desde sua infância. O poder evocativo desse empreendimento foi considerável, já que deu lugar a sete volumes!

Sem que seja preciso chegar a esses extremos, recordar lugares, pessoas ou situações esquecidas pode ser uma atividade muito interessante. Não se deve descartar que um cheiro ou sabor nos devolve a um mundo longínquo – uma vez que essas percepções podem ser despertadas de maneira pontual e espontânea –, mas pode ser útil reler velhos escritos, olhar fotos adormecidas em alguma caixa ou, simplesmente, fazer um esforço para "repescar" algum detalhe curioso que tenha passado.

Busque um episódio agradável, por exemplo, umas férias que tenham sido especialmente prazerosas. Você se surpreenderá com tudo o que surgirá de lembrança! Poderá tomar isso como um jogo ou um exercício de **arqueologia pessoal**.

> O melhor anzol para a "pesca de recordações" é, naturalmente, um diário íntimo. Os jornais da época também são um bom ponto de referência.

DIZER NÃO

O costume de dizer "sim" me parece perigoso e difícil.

CÍCERO

Uma premissa

Uma premissa indispensável para preservar a energia e a paciência é saber **dizer não**. É muito positivo dedicar tempo e atenção aos demais, mas, quando a boa disposição se transforma em escravidão, é chegado o momento de rever a situação.

Isso já aconteceu com todo mundo. Um ajuda a outro de boa-fé, e a um favor segue-se outro. Até que chega um momento em que aquele carrega nas costas todos os problemas deste, e fica estabelecido que está a seu serviço. De repente, acabamos nos dando conta do abuso e nos negamos às pretensões da pessoa que ajudávamos. O mais comum, então, é que aquela pessoa que se serviu de nossos préstimos passe a nos considerar más pessoas e comece a nos criticar pelas costas. Se a pessoa encontra alguém que lhe dê ouvidos, este será justamente o próximo a cair na armadilha.

Para evitar situações desse tipo, o mais sensato é dizer "não" logo de cara. Se você observa que alguém começa a abusar da sua confiança, o melhor é frear antes que as coisas desmoronem. Provavelmente a pessoa se aborrecerá com você no início, mas a longo prazo acabará por lhe dar valor. Na sociedade, desfrutam de mais prestígio as pessoas que se fazem respeitar que aquelas que sempre estão submetidas às demais. Aquele que dá sempre acabará sendo mal-interpretado, e seu gesto se tornará tão óbvio quanto mal-valorado.

A administração da generosidade cabe a quem a oferece, e não a seu receptor.

Três sinais

Três sinais de alerta:

1 Os favores que você faz a determinada pessoa se sucedem.

2 Se alguém pega, sem pedir, o que uma vez lhe foi oferecido.

3 Se reclamam a você de terceiros que não lhes ajudaram.

OBRAS ACABADAS

Uma obra realizada é como um bracelete de ouro.

PROVÉRBIO ÁRABE

Cícero exaltava o quão agradáveis eram as **obras acabadas**. E, sem sombra de dúvida, parece que há algo que impulsiona o ser humano a empreender projetos para abandoná-los pela metade. Quantas vezes já vimos morrer um empreendimento que mal acabava de nascer?

O mundo está cheio de fumantes que estão eternamente desejosos de parar de fumar, de escritores que prometem acabar seus romances e de comilões que iniciarão suas dietas no dia seguinte.

O problema costuma ser a falta de vontade. Qualquer construção necessita de fundamentos sólidos para poder ir até o fim. Nossas idéias, uma vez que também são construções, necessitam do fundamento da constância e do empenho para transformar-se em realidade.

Desejar não é suficiente. Para levar algo adiante é necessário tomar consciência profundamente daquilo que se quer conseguir. É preciso prever os obstáculos e inconvenientes que se produzirão, uma vez que, caso contrário, não saberemos reagir quando surgir o primeiro contratempo. Por exemplo, se você quer deixar de fumar, ao se reunir com fumantes ou quando tomar bebida alcoólica o sinal da nicotina irá se iluminar em sua mente. Por causa disso, peça aos seus amigos que – ao menos – não lhe ofereçam cigarros, ou sugira a troca do álcool por suco ou chá.

Os êxitos – por menores que sejam – alimentam nossa confiança e nos torna mais corajosos.

Para que um propósito se cumpra, é importante escolher o momento psicológico adequado. Por exemplo, seria absurdo começar uma dieta dias antes de um banquete comemorativo.

MASSAGEM

De todos os sentidos [...] o tato é o mais profundo.

DENIS DIDEROT

Todos necessitamos

Todos necessitamos do toque: tanto precisamos tocar como ser tocados. Quando fazemos uma **massagem**, as mãos seguem a linguagem do corpo. A pele tem muitos receptores que transmitem informação sobre o calor, a pressão ou a dor. Por essa razão, uma boa sessão de massagem pode reequilibrar o corpo todo e nos encher de energia.

Por princípio, essas técnicas somente devem ser aplicadas por fisioterapeutas ou massagistas formados. É necessário conhecer a fundo a disposição dos músculos e órgãos para saber o que convém tocar e o que não, já que uma massagem mal realizada pode ser muito prejudicial. Ultimamente vêm proliferando os estabelecimentos de massagem rápida. Ainda que em muitos desses locais haja profissionais gabaritados, essas massagens não costumam ser muito eficazes.

Basicamente, há dois tipos de massagem: a que relaxa – indicada contra a dor, para reduzir as contraturas e aumentar a flexibilidade – e a que estimula – a massagem esportiva, que prepara os músculos para renderem o máximo.

Dentre as técnicas de automassagem, uma das mais eficazes é a reflexoterapia podal. No pé está desenhado o mapa de todo o corpo, motivo pelo qual esse tipo de massagem repercute nos diversos órgãos e ajuda a dissipar os estados negativos, inclusive a enxaqueca.

O pé é a porta de entrada para a saúde e as sensações.

Há uma técnica

Há uma técnica de massagem indiana para crianças, o shantala, que é fácil de aplicar e tem um efeito muito vivificante. Há livros em português sobre o assunto.

SEXO

O sexo é parte da natureza, e eu me dou maravilhosamente bem com ela.

MARILYN MONROE

O **sexo** é uma questão controvertida na sociedade ocidental. Algumas pessoas evitam fazer menção a ele, como se fosse algo proibido que deve se praticar às escondidas; outras, ao contrário, não perdem oportunidade de desfilar obscenidades e de fazer piadinhas a respeito dele, o que também denota a mesma insegurança.

É raro ouvir alguém falar de sexo com naturalidade. Nem mesmo os casais mais sólidos costumam manifestar seus gostos. Sem sombra de dúvida isso é um equívoco, pois, como o sexo é uma outra forma de comunicação, é muito importante completá-lo com palavras. Certas posições ou modalidades de sexo não são praticadas porque nenhum dos integrantes se atreve a expressar seu desejo. Temem ser mal interpretados ou, o que é pior, ser tachados de pervertidos. O mesmo pode ocorrer na situação contrária: não se confessa o desagrado que certas práticas desencadeiam para não decepcionar o par. Se houver uma simples conversa a esse respeito, poderá chegar ao entendimento.

O humor e a imaginação são essenciais para que as relações sexuais não se convertam em algo mecânico. Uma iniciativa divertida, com muita encenação, pode ser a preliminar ideal para uma grande tarde de prazer. Por que precisa ser só à noite? Não há limites quanto às maneiras, lugares ou situações para desfrutar o sexo. O importante é saber improvisar e não se sentir na obrigação de nada. O fator surpresa é o melhor aliado da libido.

> Se você confia no seu par e ele não é muito suscetível, ponha em prática suas fantasias sexuais. Quanto mais detalhada for a descrição, mais excitante será.

ORÁCULOS

O último degrau da fortuna adversa
é o primeiro da prosperidade.

CARLOS DOSSI

A paixão pelos **oráculos** é tão antiga quanto a humanidade. Se algo caracteriza o ser humano é o seu desejo de ir além do que é permitido.

Atualmente, a difusão dessas técnicas nos meios de comunicação vem desprestigiando o que antes era uma arte reservada aos reis. De qualquer maneira, o desconhecido continua a atrair muitas pessoas.

Qualquer método de adivinhação é uma atividade divertida e criativa – especialmente em grupo –, desde que não seja levada muito a sério. No fim das contas, algumas dessas modalidades, como o tarô, começaram como um jogo. Se você é muito influenciável ou costuma adiar suas decisões, o melhor é que se distancie de qualquer prognóstico de futuro.

A adivinhação, quando acontece, tem na realidade uma forte base psicológica. As pessoas que costumam "acertar" são grandes conhecedoras das emoções humanas, e lêem as preocupações na expressão e nos gestos daqueles que as consultam. Também contribui para a adivinhação uma boa dose de lógica. Da mesma maneira que os jogadores profissionais de xadrez podem prever um bom número de jogadas, algumas pessoas desenvolvem a capacidade de deduzir as conseqüências de uma série de ações. Por último, mas não menos importante, está a inspiração; os cristais, imagens ou essências são um excelente foco para a concentração.

Deve-se evitar:

a) A autoleitura.

b) As consultas periódicas, já que podem criar dependência.

c) As perguntas sobre a própria saúde ou de pessoas próximas.

DIÁRIO DO INCONSCIENTE

Os sonhos não decifrados são como cartas recebidas e não abertas.

TALMUD

Os sonhos

Os sonhos são uma fascinante maneira de autoconhecimento. O **inconsciente** se expressa através deles e faz aflorar parcelas ocultas de nossa existência. Nesse sentido, constitui um mundo paralelo ao da vigília, mas nem por isso menos real.

Jung descrevia o ser humano como alguém que vive em um palácio. A consciência nunca abandona os sótãos. Durante o sonho, saímos de uma área restrita para explorar o resto da casa. Nosso inconsciente nos guia por escadas e corredores, entramos em cômodos em que nunca havíamos entrado e cruzamos com todo tipo de pessoas, algumas completamente desconhecidas.

O problema é que muitas vezes não conseguimos recordar aquilo que vimos, e assim perdemos uma informação preciosa. Para que isso não ocorra, podemos escrever um **diário** de sonhos. Basta que tenhamos em nosso criado-mudo um caderno e um lápis, e que anotemos o que nos lembrarmos no momento em que acordarmos. Dessa maneira iremos fixando as bases até desenharmos um mapa do palácio de nosso inconsciente.

Aproximando nossos níveis de consciência e inconsciência, podemos desfrutar dois mundos que se alimentam um do outro, e adquirimos uma percepção mais sutil da realidade.

Analise

Analise se determinadas pessoas ou cenas aparecem com freqüência em seus sonhos. Tente interpretar o que querem dizer.

SONHOS LÚCIDOS

A liberdade existe somente na terra dos sonhos.

FRIEDRICH VON SCHILLER

Os **sonhos lúcidos** constituem uma experiência tão apaixonante que merecem um espaço à parte. Na essência, se produzem quando, de repente, ficamos conscientes de estar sonhando, sem, no entanto, sermos despertados pela situação. Algumas pessoas afirmam ter continuamente esse tipo de sonhos, outras já o experimentaram ou experimentam em algumas ocasiões.

A lucidez permite ao indivíduo dirigir seus movimentos pelo fascinante cenário dos sonhos. Ele não é objeto da experiência, mas agente. Pode explorar qualquer lugar, negar-se a fugir de seus perseguidores ou saltar em direção ao vazio sem ser punido. Esse raro encontro entre a consciência e o mundo onírico deve ser valorizado como um presente raro, já que costuma ser fugaz e pode demorar a se repetir.

No entanto, há maneiras de fomentar a lucidez. Normalmente, sabemos que estamos sonhando porque observamos algum erro em relação à vigília. Talvez a porta ou a janela não esteja onde deveria estar, ou haja alguma incoerência na ação.

Se você anota detalhadamente esses sonhos em seu diário, descobrirá as chaves para reconhecê-los. Com a prática, você disporá de um espaço ilimitado onde poderá experimentar e reelaborar sua realidade cotidiana. Aprenda a sonhar.

> Os sonhos lúcidos são uma excelente terapia contra o medo. Uma vez que você sabe que o que está acontecendo não é real, pode enfrentar qualquer perigo como se fosse um ensaio.

DESPERTAR

O prazer dos dias está em seu amanhecer.

FRANÇOIS DE MALHERBE

O fato

O fato de sua jornada ser ou não agradável depende, em grande medida, do momento e da maneira de **despertar**. As pessoas que se levantam com um tempo muito curto para vestir-se e sair para a rua não devem estranhar serem acometidas pelo estresse, ou notarem que seu corpo não responde como deveria.

Como na hora de deitar, um bom despertar requer um certo ritual e, sobretudo, tempo suficiente. Deve-se despertar uma hora antes do horário de saída. Após sair do quarto, já vestido ou ainda de pijama, a primeira coisa que se deve fazer é abrir a janela e deixar que o ar e a luz entrem.

Se lhe agradam a ginástica e a ioga, você pode praticar um exercício simples – por exemplo, a saudação ao sol. Após lavar-se, sente-se para o café da manhã como se fosse domingo. Prepare um café o mais completo possível, mas que não seja muito pesado. Tome seu chá, café ou suco com tempo, desfrutando o encanto que têm os primeiros compassos do dia. Talvez lhe agrade dar uma passada d'olhos no jornal enquanto come, ou prefira aproveitar o tempo para dar uma espiada no último livro que comprou.

Saia com tempo de sobra, para não ter de correr. Também é um prazer aproveitar os primeiros raios do sol caminhando ou de carro. Desfrute o burburinho matinal que o devolve ao mundo dos despertos. O bem-estar o acompanhará por todo o dia.

Conselho

Conselho: Um velho axioma médico afirma que a saúde consiste em deitar-se antes da meia-noite e levantar-se antes das oito da manhã. Esse é o período em que o organismo aproveita mais o descanso, graças à produção noturna de hormônios.

COERÊNCIA

A inteligência é forjada no
molde de nossas ações.

HENRI BERGSON

Pitágoras dizia

Pitágoras dizia que uma pessoa, ainda que sozinha, nunca deveria fazer nada de que se envergonhasse se outras pessoas aparecessem. Considerava que o respeito a si próprio começa por ser coerente com os princípios que fixa para si.

Cada indivíduo é juiz e advogado de si mesmo. Ninguém melhor que ele para saber se atua ou não corretamente.

Como as circunstâncias mudam constantemente e requerem que nos adaptemos a elas, não é fácil manter a **coerência** em todos os nossos atos. Tomemos por exemplo alguém que tenha prometido a si próprio nunca mais tocar em álcool. Essa pessoa comunica sua intenção às que a rodeiam, as quais se convertem em testemunhas de sua decisão. Se a pessoa em questão tem um dia ruim, é possível que passe pela sua cabeça tomar um trago "para relaxar". Como afirmou em público sua determinação, não quer decepcionar os demais e acaba bebendo em sua casa, a salvo do olhar dos outros.

Esse é um erro que cometemos com muita freqüência. Nesse caso, o indivíduo esquece-se de que era a ele próprio que não devia decepcionar. É à sua própria pessoa que ele deve respeito, e não a terceiros. Viver para satisfazer terceiros é uma postura superficial que não favorece o equilíbrio. Na medida do possível, deve-se ser transparente dentro e fora da própria intimidade. Máscaras e disfarces podem esperar pelos dias de carnaval.

Ser absolutamente

Ser absolutamente íntegro e coerente é praticamente impossível. O ser humano é imperfeito e, portanto, comete erros. O principal erro é o que ele comete consigo mesmo.

DESCONEXÃO

Os prazeres devem ser colocados na vida do mesmo modo que as vírgulas em uma frase.

EUGÉNIE DE GUÉRIN

Às vezes desejamos fervorosamente fazer algo – ler, descansar, organizar nossas anotações ou, simplesmente, ficar a sós –, e então surgem distrações de todo tipo, que terminam por nos fazer desistir daquilo que havíamos nos proposto.

O elemento perturbador pode ser a televisão, quando acabamos assistindo a um programa que não nos interessava, o telefone, que sempre toca no momento mais impróprio, a campainha da rua ou o interfone, a internet...

Nada contra os avanços tecnológicos, mas é preciso saber usá-los; do contrário, em vez de ajuda se convertem em uma carga e em um fator de estresse.

Se você necessita estar tranqüilo hoje, transforme esse dia num dia de **desconexão**. Não ligue a televisão a menos que vá passar algo que há muito estava aguardando. Se tem secretária eletrônica, acione-a; além de elas receberem mensagens quando você não está em casa, também recebem quando você está. Se não tem, limite-se a não atender ao telefone. Hoje você é a prioridade e os outros é que têm de esperar. Do mesmo modo, evite ficar "enganchado" no computador. Por último, se interfonarem ou tocarem a campainha, não atenda. Se for algo importante, seguramente insistirão.

Faça exatamente o que deseja, sem que nada nem ninguém o interrompa. São as férias de que sua mente tanto necessita.

Proposta: Se você acumular muito estresse ao longo do ano, será conveniente tirar uma semana para fazer um retiro. Pode-se ir a um mosteiro ou a um centro budista que ofereça alojamento. Servirá para você descarregar as tensões e recuperar o silêncio interior.

MÉTODO

Sou multifacetado porque tudo eu faço mal.

JAUME SISA

Qualquer tarefa tem um **método** que facilita sua realização, mas este varia de pessoa para pessoa. Se para alguns é fácil, e mesmo estimulante, fazer várias coisas ao mesmo tempo, para outros é indispensável centrar-se num único foco de atenção.

Se você é muito dinâmico, por exemplo, pode ser chato dirigir toda sua atenção ao estudo, e necessitará combinar essa atividade com outras para refrescar a cabeça e recuperar a força de vontade. Ao contrário, se você se distrai facilmente, interromper a leitura por muito tempo pode ser contraproducente.

Muitas pessoas necessitam de um período relativamente longo para reintegrar-se ao que estavam fazendo. Já outras passam de uma atividade a outra com grande facilidade. Tudo depende do poder de concentração de cada um.

Em geral, não é recomendável fazer mais de duas coisas ao mesmo tempo. Por exemplo, se você precisa de um final de semana para redigir um informe ou documento, pode alternar o trabalho com algo completamente diferente, como a natação ou outro esporte. Se, além disso, você aceita um convite para ir ao cinema ou fica horas a fio ao telefone, é muito provável que seu trabalho desande.

Cada um deve elaborar seu próprio método e ajustar-se a ele com disciplina. Quando se perde o controle da situação, não se consegue nem desfrutar o trabalho, nem o descanso.

Conselho: Avalie quanto tempo pode manter a atenção no que está fazendo e de quantos minutos de pausa necessita entre uma sessão e outra. Quando souber disso com mais segurança, poderá montar uma grade de horários que lhe permita cumprir seus objetivos sem renunciar ao descanso e ao ócio.

PRIORIDADES

Ainda que amanhã fosse o fim do mundo, de todo modo eu plantaria maçãs no dia de hoje.

MARTIN LUTHER KING

Uma parábola ilustra perfeitamente o que são **prioridades**.

Um especialista em gestão de tempo surpreendeu sua audiência ao pôr sobre a mesa um vaso de cristal de boca larga e um pequeno monte de pedras do tamanho de um punho. "Quantas pedras cabem no jarro?", perguntou. Enquanto o público fazia suas conjecturas, foi colocando as pedras no frasco até enchê-lo. Então perguntou: "Está cheio?", e todos menearam que sim com a cabeça.

Então o especialista sacou de baixo da mesa um cubo com pedrinhas, pôs parte delas no vaso e agitou. As pedras pequeninas penetraram nos espaços deixados pelas maiores. Ele voltou a perguntar: "Está cheio?", e desta vez a audiência ficou na dúvida. "Talvez não", disse um; em seguida, o conferencista pegou um saquinho de areia e despejou no frasco. "E agora?", inquiriu. "Não!", exclamou o público; e então ele pegou um jarro de água e começou a vertê-lo no recipiente. Este ainda não transbordava. Terminada a demonstração, perguntou: "O que acabo de demonstrar?". Um dos espectadores respondeu: "Que não importa o quão repleta esteja sua agenda; se tentar, sempre poderá fazer com que caibam mais coisas". "Não!", respondeu o especialista, e então concluiu: "O que isto nos ensina é que, se você não põe as pedras grandes primeiro, logo mais coisas não caberão". E quais são as pedras fundamentais em sua vida? Sua família, seu par, seus amigos, seus sonhos, sua saúde? Não esqueça de colocá-las primeiro. O resto encontrará seu lugar.

Sugestão: Elabore uma lista com suas prioridades, da mais importante à menos importante. Anote na margem o tempo que dedica a cada uma. Corresponde à posição ocupada na lista?

RESOLUÇÃO

Inteligência, dá-me o nome exato das coisas.

JUAN RAMÓN JIMÉNEZ

A inteligência

A inteligência costuma estar relacionada à habilidade do indivíduo para resolver problemas. Essa conceituação normalmente faz referência às operações matemáticas, ainda que também possa ser aplicada aos conflitos da vida cotidiana. Em ambos os casos, a **resolução** de problemas requer flexibilidade, capacidade de análise e criatividade.

Não há nada mais gratificante do que a sensação de liberdade que se experimenta ao se superar um conflito. De repente, os olhos vêem a realidade com o filtro do otimismo e o indivíduo se sente capaz de levar adiante qualquer propósito.

Se você tem assuntos pendentes – uma dívida, um mal-entendido com um amigo ou familiar com quem deixou de falar –, deve encontrar uma solução antes que se tornem questões crônicas. Os conflitos que ficam sem solução são um peso desnecessário que perturba sua tranqüilidade mental. Às vezes, uma disputa entre duas pessoas permanece latente sem que nenhuma delas se atreva a apaziguá-la, e não raro trata-se de uma trivialidade que poderia ter sido resolvida em questão de minutos.

Vale a pena limpar o terreno de afrontas e equívocos. Desse modo, pode-se avançar com passo mais firme e evita-se viver à sombra do rancor.

Se você discutiu

Se você discutiu com alguém, revise a questão e analise se ela tinha mesmo a importância que lhe deu num primeiro momento. Não titubeie em falar com a pessoa, ainda que seja apenas para cumprimentá-la.

DIÁLOGO ÍNTIMO

Nunca se encontram sós aqueles que estão acompanhados de pensamentos elevados.

PHILIP SIDNEY

Nossa estabilidade emocional depende do conhecimento que temos dos diferentes níveis de nosso ser. Há pessoas com grande habilidade para relações sociais que, por outro lado, fracassam na hora de compreender suas emoções. Costumam ser pessoas orientadas para a ação, que tentam tornar rentáveis seus atos e seu tempo.

Se você é daqueles que programam o dia com reuniões e obrigações, pode fazer o seguinte: imagine que é um cliente importante, ou um amigo com quem combinou um café. Fixe um encontro em hora e local determinados. Será um compromisso inadiável, de modo que você precisará sair de casa ou do trabalho com tempo para chegar ao ponto de encontro.

Uma vez no local escolhido, considere que está reunido consigo mesmo, e que, portanto, nada nem ninguém deve distraí-lo. Não é necessário fazer algo especial, limite-se a estar. Enquanto toma um café, estabeleça um **diálogo íntimo** consigo mesmo. Revise questões que havia deixado para segundo plano por falta de tempo. Verifique se sua vida se ajusta a suas expectativas e necessidades – sem se esquecer dos demais – e, se não é assim, busque propostas e soluções. Pode tomar notas, se assim o desejar.

Você não tirará tanto proveito assim de reunião nenhuma.

Em sua agenda deveria haver, a cada dia, um espaço só para você. Se você tem crise de consciência pelo muito que lhe falta fazer, pergunte-se se veio ao mundo para ser um burrico de carga.

ESTENDER A MÃO

A árvore não nega sua sombra nem ao lenhador.

PROVÉRBIO INDIANO

Não há nada

Não há nada mais gratificante que **estender a mão** a quem necessita, mesmo que não tenham lhe pedido. O ato de ajudar tem ainda mais beleza quando é dirigido a um desconhecido, já que nos conecta à humanidade anônima com a qual compartimos o planeta.

Muitas vezes alguém nos fala de uma pessoa que está ante um problema que já nos acometeu – e que superamos – e nem nos mexemos. Se temos algo a acrescentar, por que não nos esforçamos para transmitir nossa experiência? Talvez se trate de uma doença, uma crise pessoal ou um difícil trâmite cujos caminhos conhecemos perfeitamente.

Se alguma vez você já teve a impressão de não ser útil ao mundo, esta é sua oportunidade. Ofereça sua ajuda e conselho a quem necessita. Ainda que você não possa propor soluções concretas, o simples fato de escutar confortará a pessoa.

Quem sabe a ocasião se apresenta de maneira muito mais imediata, na rua ou em um transporte público: alguém a quem tenham roubado, que se encontra subitamente mal ou que se perdeu. Ajudar não lhe custará nada, e você receberá em troca o presente mais precioso que pode obter: um sorriso.

A ética

A ética budista recomenda que, se um indivíduo não é capaz de ajudar, ao menos deve procurar que seus atos não sejam um impedimento para a felicidade dos demais. Um modo de contribuir para o bem-estar dos que nos rodeiam é não lhes complicar a vida desnecessariamente.

PRESENTEAR SEM MOTIVO

A maneira de dar vale mais que o que se dá.

PIERRE CORNEILLE

Há determinadas datas, seja porque é um aniversário, seja porque o comércio assim impõe, nas quais devemos dar e receber **presentes** quase por decreto, como se fosse um **motivo** inquestionável. Normalmente, acabamos correndo até às lojas na última hora, esperando que a inspiração nos leve até o presente adequado. Desgraçadamente, não costuma ser assim, e então encontramos de tudo, menos o que estamos buscando.

Por outro lado, em outra ocasião veremos ao acaso justamente do que a pessoa necessita. Se é alguém com quem temos muita proximidade, por que não surpreendê-la com um presente inesperado? É absurdo que a estima tenha que ser demonstrada em dias predeterminados.

Pode ser uma desculpa perfeita para sair para jantar com essa pessoa e lhe alegrar o dia. Seu gesto tem valor exatamente porque é espontâneo. Especialmente se você não dispuser de muito tempo para compartilhar com ela, demonstrará, de maneira sensível, que a tem presente na lembrança e que está atento a seus gostos.

Qualquer ato de generosidade dá mais satisfação àquele que oferece que a seu destinatário. Os pessimistas afirmarão que se trata de vaidade, seguramente para justificar que eles mesmos são pouco inclinados a dar. De todo modo, pensar nos outros é uma atitude nobre que estreita nossos laços com o mundo e nos liberta do egoísmo.

> Muitas pessoas cometem o equívoco de presentear aquilo que gostariam de receber. Escolher um presente adequado requer uma dose de intuição e outra de observação.

PRONTIDÃO

Oitenta por cento do sucesso consiste em aparecer.

WOODY ALLEN

Os tibetanos crêem na existência de um reino sagrado, Shambhala, oculto em algum canto remoto do Himalaia. Nesse lugar paradisíaco impera a beleza e a bondade, porque seus habitantes encontraram a iluminação transcendendo o sofrimento. Muitos consideram que ainda é possível chegar a Shambhala, mas o caminho é longo e está repleto de perigos. Quem tem a sorte de chegar a suas portas – muitas vezes graças ao acaso – deve aproveitar a oportunidade de penetrar no reino. Se não o faz e adia isso para mais tarde, talvez nunca mais volte a encontrá-lo. As portas de Shambhala abrem-se só uma vez na vida, e aquele que não a atravessa fica de fora para sempre.

Essa história nos ensina algo muito importante que normalmente esquecemos: a vida não espera; para tanto, se temos um sonho, devemos tratar de transformá-lo em realidade. Se não tomarmos a iniciativa com entusiasmo, nunca iremos fazê-lo.

É triste deixar passar os dias e os anos sem que nada importante aconteça. Os que nunca arriscam são os primeiros a se queixarem da vida tediosa que levam. Esperam que a transformação, a felicidade, chegue até eles de fora, como uma dádiva. Essa visão das coisas não é muito produtiva: encontrar um novo mundo requer valor, otimismo e **prontidão**. "Agora ou nunca" deveria ser o seu lema. Se a porta de Shambhala se abriu para você, entre sem titubear. É preferível errar cem vezes a se submeter à mediocridade.

Quatro fatores que nos imobilizam:

1 A dúvida permanente.

2 O medo de agravar a situação.

3 A resignação.

4 A dependência da opinião de terceiros.

MOVER-SE

Que não seja teu corpo a primeira sepultura de teu esqueleto!

JEAN GIRADOUX

O corpo

O corpo humano foi feito para se **mover**. Está demonstrado que as pessoas de hábitos sedentários são mais propensas à apatia e à tristeza que as que praticam exercícios. Uma das razões é que, ao pôr os músculos em movimento, fortalecemos o fluxo sangüíneo e, assim, levamos mais oxigênio ao cérebro. Além do que se eleva o nível de endorfina, uma das substâncias responsáveis pelo bem-estar.

Os exercícios são uma excelente maneira de descarregar as tensões e conservar o bom humor. Não é necessário praticar um esporte para competir, nem moldar a musculatura como um fisiculturista horas a fio na musculação. Um trabalho físico muito forte pode até ser prejudicial. O essencial é divertir-se e abrir um parêntesis na rotina diária.

Qualquer dinâmica que implique movimento é altamente benéfica. A ioga, por exemplo, é uma prática muito suave – que trabalha basicamente com a elasticidade e a respiração – e, a médio prazo, produz uma transformação física e mental espetacular.

Se você passa muito tempo entre quatro paredes, o ideal é que pratique alguma atividade ao ar livre, como caminhadas. Se não dispõe de alguns minutos diários, tente caminhar mais no dia-a-dia – para ir ao trabalho ou às compras – ou – por que não? – troque o carro por uma bicicleta. Quando uma máquina não é usada, acaba se deteriorando. Uma vez que o corpo é um veículo que não pode ser reposto, vale a pena deixá-lo sempre em ordem.

Um dos benefícios

Um dos benefícios dos exercícios é a dispersão de toxinas com a eliminação de suor. Portanto, não se esqueça de beber muita água depois de cada sessão.

ALIMENTAR A SAÚDE

Os melhores médicos do mundo são os doutores Dieta, Repouso e Alegria.

JONATHAN SWIFT

Os iogues afirmam que os **alimentos** são os materiais de construção do corpo. É evidente que o que comemos repercute na nossa **saúde** física e mental. Alguns nutricionistas até sustentam que a maioria das doenças tem sua origem, direta ou indiretamente, em uma alimentação incorreta.

A primeira decisão a tomar é seguir ou não uma dieta carnívora. À parte os argumentos éticos, a carne apresenta vários inconvenientes: deteriora-se rapidamente, estimula a produção de toxinas e tem efeito excitante. Se não quiser renunciar à carne (vermelha e branca), consuma iogurte periodicamente. Ele é o inimigo número um do bacilo da putrefação. Além disso, é importante a maneira como se come. Se não se mastiga o suficiente, parte dos nutrientes se perde porque o sistema digestivo não tem como assimilá-los. É importante comer sem pressa, como um ritual no qual não há espaço para discussões ou preocupações.

Alimentar-se de modo saudável deve ser um preceito em tudo aquilo que diga respeito ao seu corpo e sua mente.

O professor Van Lysebeth propõe que sejam adotados sete hábitos alimentares bastante simples:

1 Comer pão integral.
2 Suprimir o açúcar branco refinado.
3 Consumir preferivelmente sal marinho.
4 Utilizar azeites anticolesterol (o de oliva é excelente).
5 Comer menos batatas e mais arroz (integral).
6 Optar pelas frutas da época.
7 Evitar conservas em lata.

FOGÃO CRIATIVO

Um príncipe pode vir ao mundo
até em uma cozinha.

PROVÉRBIO AFRICANO

Às vezes tornamos nossa vida desnecessariamente tediosa. Muitas pessoas que vivem sozinhas tendem tanto a evitar os esforços que acabam comendo apenas pratos congelados ou se alimentando de pizzas e hambúrgueres. Uma rotina culinária desse tipo não só é pouco saudável como transforma o momento de comer numa etapa a ser vencida.

Desculpas do tipo "só para mim não vale a pena cozinhar" ou "não tenho tempo" são, na realidade, um produto da negligência. Uma boa tática contra o tédio pode ser acender as bocas do **fogão** e aventurar-se a cozinhar algo difícil. Se o prato for realmente trabalhoso, você pode compensar o tempo investido preparando mais quantidade para desfrutá-lo durante os próximos dias. Não caia na tentação de fazer "algo fácil". Procure aquele livro de cozinha exótica que lhe presentearam – e que você nunca abriu! – e se lance à arena culinária.

Se você deseja companhia, convide alguém e prometa-lhe uma surpresa. A pessoa ficará encantada por ser sua cobaia. Você pode ir um pouco mais longe e improvisar um manjar extravagante. Ainda que ser **criativo** na cozinha tenha lá seus riscos, pode ser muito divertido inventar um novo prato. E – quem sabe? – talvez até seja comestível!

Conselho: Lembre-se de que qualquer prato primeiro passa pelos olhos. A apresentação abre o apetite dos comensais. Cuide bem!

SESTA

Todos precisam dormir em algum momento entre o almoço e o jantar.

WINSTON CHURCHILL

O escritor

O escritor espanhol Camilo José Cela certa vez definiu a **sesta** como sendo a "ioga ibérica". Talvez essa definição seja um pouco exagerada, mas já se comprovou que as vantagens do descanso vespertino não são nada desprezíveis. Além de ser uma excelente terapia contra o estresse, a sesta fortalece o sistema imunológico, melhora o rendimento físico e intelectual e ajuda a evitar acidentes de trabalho.

Por essa razão, em muitas cidades espanholas vem surgindo um novo tipo de estabelecimento, os popularmente chamados "sestódromos", nos quais os trabalhadores que não têm tempo de ir a suas casas podem tirar um cochilo por preços camaradas. Na internet existe, inclusive, a Organização Mundial da Sesta (www.napping.com), onde os fervorosos defensores desse sono reparador compartilham experiências.

A luz da tarde é, em boa medida, a responsável pelo efeito relaxante da sesta. Ainda que algumas pessoas costumem dormir por mais de uma hora e meia, na realidade de quinze a trinta minutos de descanso são suficientes. É possível que imediatamente depois de acordar a pessoa experimente uma espécie de torpor; no entanto, passado esse período, o corpo e a mente estarão preparados para enfrentar o restante da carga horária.

Se você tem condições de cavar uma brechinha na sua agenda para tirar uma sesta, bons sonhos!

O melhor momento

O melhor momento para a sesta é oito horas depois do despertar. Se você levanta às sete horas, o melhor seria tirar a sesta às três da tarde.

VESTUÁRIO

O supérfluo é uma coisa muito necessária.

VOLTAIRE

No curso

No curso da história humana, a função da roupa mudou. O que no início era um modo de se resguardar do frio, paulatinamente passou a ser um instrumento de poder e ostentação.

Ainda que não precise, é raro no mundo ocidental ver uma pessoa que não tenha cinco calças e dez camisas em seu guarda-roupa. Isso demonstra que o **vestuário**, mais do que nunca, segue como uma convenção social.

Não há dúvida que o que vestimos tem um efeito psicológico sobre nós. Por exemplo, se nos sentimos apagados, podemos levantar o moral escolhendo cores mais vivas. O importante é não ficar criticando os demais. Se uma pessoa está satisfeita com o seu modo de vestir, isso é mais que suficiente.

Os desfiles de moda costumam terminar quando atravessamos os portões de volta à nossa casa. E, no entanto, é a partir daí que deveríamos prestar atenção à roupa que vestimos. A primeira coisa que deveríamos fazer seria nos despir e colocar roupas limpas e cômodas, como faz o peregrino que deixa de lado seus trapos para entrar em um templo. Com esse ritual permitimos à mente mudar de registro, de modo a se preparar para o prazer e o relaxamento.

Se você puser isso em prática, perceberá que, enquanto o tecido toca sua pele, as tensões se diluirão e um sentimento de harmonia se apoderará de você.

Conselho

Conselho: Evite roupas que apertem, já que podem dificultar os movimentos e a respiração. A roupa folgada, ao contrário, traz um imediato efeito relaxante para o corpo e a mente.

FOLHAS DE CHÁ

A ausência de chá após uma refeição é algo que perturba a ordem do universo.

RUDYARD KIPLING

Reza a lenda que o **chá** foi descoberto por um imperador chinês que tinha o hábito de beber água fervente. Um dia, uma rajada de vento fez com que caíssem algumas **folhas** em sua xícara. O imperador, que não se dera conta do incidente, bebeu da xícara e ficou tão entusiasmado com o sabor que ordenou que buscassem amostras da planta e fizessem grandes plantações.

Seja ou não uma história verídica, o chá proporciona infusões de sabor delicioso e, tomado com moderação, é benéfico para o organismo. O chá verde, em especial, é antioxidante e ligeiramente estimulante. A notável longevidade verificada em algumas regiões da China e do Japão é atribuída ao consumo regular dessa planta.

Quando tiver oportunidade, visite uma loja especializada em chás, entre e peça que lhe expliquem sobre as variedades. Observe a textura das folhas e deixe-se impregnar pelo aroma.

O conhecedor de chá prefere degustá-lo fresco, não em saquinhos. Primeiro deve-se ferver água em um bule e deixar repousar por dois ou três minutos. Para apreciar todo o sabor, é melhor tomá-lo sem açúcar.

Para tomar o chá, os japoneses elaboraram uma complexa cerimônia que sobrevive até hoje. O universo do chá é tão delicado e saboroso como seu sabor.

Leitura de chá: Após beber, vire a xícara e deixe-a escorrer sobre um prato. Ao devolvê-la a sua posição inicial, aparecerá uma série de desenhos produzidos pelos restos do chá.

CHOCOLATE

O chocolate é uma delícia a se compartilhar.

OLIVER STRELLI

Conta-se que o cacau

Conta-se que o cacau nasceu no paraíso terreno de Quetzalcóatl, para onde um profeta trouxe as sementes diretamente do jardim do Éden. No início, do cacau era feita uma bebida consumida fria, muito apreciada pelo seu valor nutritivo e seu efeito afrodisíaco. O termo **chocolate** advém da combinação das palavras *choco* (o ruído que ocorre quando se ferve ou quando as nozes são trituradas) e *atl* (água). As mulheres mexicanas o utilizavam como medicamento e produto de beleza.

Deixando de lado sua origem divina, a ciência contemporânea tem demonstrado que o cacau contém qualidades surpreendentes. Alguns componentes químicos do chocolate incidem nos neurotransmissores e têm um efeito antidepressivo. Outra vantagem desse delicioso produto é seu alto conteúdo de magnésio.

Em que pese o fato de conter cafeína e de ser rico em gordura, o cacau é um dos mais saudáveis estimulantes que existem. Para desfrutar todas as suas propriedades, é importante adquirir um chocolate escuro e de qualidade, preferivelmente sem leite nem açúcar.

Se respeitarmos o produto natural – e fugirmos de todos os derivados! –, poderemos desfrutar os refinados aromas dessa planta do jardim do Éden.

Ao comprar

Ao comprar chocolates, você não deve se importar em pagar um pouco mais para adquirir um produto de marca confiável, que tenha sido coletado e elaborado em condições de trabalho dignas.

REMÉDIOS NATURAIS

A medicina cura, a natureza sara.

PROVÉRBIO LATINO

Nosso ritmo de vida não admite pausas, de modo que, quando caímos doentes, recorremos a toda sorte de medicamentos para nos reintegrarmos às nossas obrigações. No entanto, não é disso necessariamente que o corpo precisa.

Os sintomas são, antes de mais nada, um aviso de que algo no corpo vai mal. Se você se sente debilitado e indisposto, o corpo lhe pedirá repouso e mais horas de sono. Dessa maneira, os recursos do organismo para combater a enfermidade são otimizados, e as energias não são dispersas em outras atividades. Se você interrompe esse processo natural de restabelecimento com antibióticos, talvez levante em um ou dois dias, mas será mais fácil os sintomas voltarem.

Para doenças menos graves, é melhor contar com **remédios naturais**. No universo da fitoterapia, há ervas para muitas doenças – resfriados, gripe, enxaquecas, distúrbios digestivos etc. – que, por mais que necessitem de um tratamento mais a longo prazo, são igualmente eficazes e têm menos efeitos colaterais.

Os hábitos alimentares também são um fator fundamental para a aparição de enfermidades. Por último, a prática regular de atividade física previne problemas cardíacos, reduz o estresse e melhora o tônus muscular.

Se preservarmos o equilíbrio natural de nosso corpo, evitaremos os grandes remédios, que muitas vezes são o sinônimo de grandes males ocultos.

Conselho: Se você está de moral baixo, o hipérico pode fazer milagres, já que é um poderoso antidepressivo natural. Se você está sendo medicado, consulte o seu médico primeiro.

MARATONA

Grande parte da saúde consiste em desejá-la.

FERNANDO DE ROJAS

A vida de todo ser humano é comparável a uma **maratona**: o importante não é correr muito, mas chegar inteiro ao final da prova. Para isso, é imprescindível cuidar bem do corpo, já que é isso que nos permite continuar. As propriedades ou o dinheiro de nada servirão se não houver um corpo são para desfrutá-los.

Parte do destino de nosso organismo está entregue ao acaso. Evidentemente, uma infecção ou doença hereditária. No entanto, nossa resposta a essa crise dependerá do estado de nosso corpo. Se cuidarmos bem do nosso corpo e o mantivermos forte, a resistência a doenças será muito maior e o restabelecimento, mais rápido.

Alguns fumantes sustentam que é absurdo deixar de fumar para viver mais anos, já que a manhã do dia seguinte pode lhes reservar um atropelamento por um carro qualquer. Argumentos desse tipo justificam qualquer agressão ao corpo, deixam de lado algo muito mais importante: a questão não é viver mais, mas viver melhor.

É importante respeitarmos nosso corpo e darmos a ele tudo o que seja necessário para que funcione de maneira otimizada. Se até aqui você não tem agido assim, pense que sua carreira de maratonista acaba de começar.

As seis fontes da juventude eterna:

1 Ter uma alimentação leve e equilibrada.
2 Renunciar a estimulantes como o tabaco e o álcool.
3 Evitar o estresse.
4 Respirar bem.
5 Praticar ioga ou outro exercício suave.
6 Preservar a curiosidade e o devaneio.

CENÁRIO

A vida é um hospital onde cada enfermo está tomado pelo desejo de mudar de cama.

CHARLES BAUDELAIRE

Quando aterrissamos

Quando aterrissamos em uma nova casa ou apartamento, tudo é muito excitante. E nos esforçamos para que a decoração, as cores das paredes e a disposição dos móveis obedeçam exatamente a nossos gostos e necessidades. Cuidamos de cada detalhe para que seja um lugar perfeito para viver, já que se trata do lugar onde transcorrerá a maior parte de nosso tempo.

Passado um ano ou dois, já nos acostumamos às coisas tal como estão e nos dá preguiça empreender qualquer melhora.

No entanto, se achamos que tudo à nossa volta está chato, deveríamos considerar a possibilidade de promover alguma mudança, por menor que seja. Do mesmo modo que um ator se entedia por estar sempre atuando no mesmo **cenário**, um lugar que tem sempre o mesmo aspecto pode acabar se tornando pouco estimulante.

Pintar de outra cor as paredes do cômodo em que você passa a maior parte do tempo (a sala de estar ou o escritório, se trabalha em casa) pode ser uma boa idéia. Se você não quer passar um fim de semana pintando, pode, ao menos, substituir alguns quadros e pôsteres para dar novo ar ao ambiente. Outra possibilidade é trocar os móveis de lugar. Essa é uma opção relativamente fácil, divertida e de efeitos surpreendentes. O espaço mudará de tal modo que parecerá que você está em outra casa. Como toda novidade, essa também fará você se sentir mais confortável e otimista.

Sugestão

Sugestão: Se você vai mudar os móveis de sua casa de lugar, consulte antes um livro de *feng shui*. Essa técnica chinesa o ajudará a dispor os móveis de uma maneira harmônica e saudável.

SANTUÁRIO

Meu templo é meu coração; lá descanso.

PANKO KULISH

Todo mundo deveria ter um **santuário** no qual pudesse se isolar sem ser molestado. O ideal é dispor um cômodo inteiro para isso, com poltronas confortáveis e onde você possa manter as coisas que lhe agradam. Se sua casa é grande, não utilize esse espaço para nada que não signifique relaxamento e distração.

Considere esse cômodo sua "sala de pensar" ou "sala de não-obrigação", como lhe soe melhor. A sala deveria estar decorada com poucos elementos, bem escolhidos, já que assim os sentidos ficariam descansados – o que facilita a indução ao estado de relaxamento. Um lugar assim é ideal para meditar, ler, escrever (nada relacionado a trabalho!) ou, se o desejar, escutar música.

No entanto, a maioria de nós vive em apartamentos pequenos que não permitem esse luxo. Se esse é o seu caso, você deveria ao menos reservar um cantinho da sua casa para seu uso exclusivo. Pode ser uma determinada poltrona, ou ainda um tapete macio no qual realiza seus exercícios de relaxamento. Lá você pode deixar seu livro favorito e um pouco de incenso. É importante que haja um elemento que você relacione imediatamente com a calma e o bem-estar.

Se sua casa é muito barulhenta, não lhe restará outra alternativa senão utilizar o seu quarto. Você pode pôr ao lado da cama uma pequena mesa com uma cadeira ou poltrona e um tapetinho para demarcar os espaços. Reserve ao menos meia hora ao dia para recuperar as forças. No santuário, você é a única prioridade.

Sugestão: Se você tem filhos, ou se durante o dia não tem muito tempo para passar com seu companheiro, pode aproveitar esse espaço para reencontrar sua intimidade com ele.

AMANHECER E ANOITECER

A manhã é vermelha como uma maçã.

ANTONIO MACHADO

Quanto tempo faz que você não assiste a um **amanhecer**? Se está empregado em uma fábrica ou trabalha no turno da noite, é possível que isso não tenha muito significado para você. No entanto, a maioria das pessoas dorme nesse horário, e por isso a visão do sol nascente se torna um acontecimento raro e cheio de poesia.

Se você passa suas férias ou finais de semana em locais próximos da natureza, não perca o momento mágico no qual a escuridão da noite e a luz da manhã se abraçam fortemente. Acompanhado do canto misterioso dos primeiros pássaros que começam a despertar, você presenciará uma gama de tonalidades indescritíveis. Se você é um aficionado pela fotografia, pode captar o instante com um filme de alta sensibilidade.

Também é possível fazer isso na cidade, se você tiver um terraço. Em uma noite em que tenha trabalhado até altas horas, você pode até esperar um pouquinho e celebrar a saída do sol acompanhado de uma boa xícara de chá.

E há também as vantagens de se acompanhar o **anoitecer**... Em Kanyakumari, na Índia, há uma praia famosa por seus pores-do-sol. O público local lota as areias para ver o espetáculo. Se o pôr-do-sol é bonito, a platéia aplaude efusivamente.

É uma pena que nossa rotina nos separe desses instantes de rara beleza. Talvez você tenha um carro do ano, um apartamento decorado e a barriga cheia, mas seu espírito necessita da luz do crepúsculo para sonhar. Conceda-lhe uma pausa.

Se faz tempo que você não vê a madrugada, talvez lhe agrade a idéia de dividir com alguém a experiência. Você pode organizar um jantar cujo objetivo seja ficar acordado até o amanhecer.

TRANSCENDÊNCIA

A eternidade está escrita no céus.

EDWARD YOUNG

A busca

A busca da **transcendência** pelo ser humano não é tanto um desejo de alcançar a imortalidade; é mais o desejo ardente de que sua vida sirva para algo. Chega um momento em que as pessoas necessitam reconhecimento – em sua profissão, em seu grupo de amigos, na sociedade – e, se não encontram, se desesperam ou encaram seu redor munidos de rancor.

É absurdo pretender ser especial, já que, como todo mundo quer ser especial, um acaba sendo tão comum quanto os outros. As pessoas verdadeiramente especiais são as que passam pelo mundo pisando na ponta dos pés, sem querer chamar a atenção. E é precisamente por isso que nos fixamos nelas e as admiramos.

Temos a segurança de que nossos filhos se lembrarão de nós – para o bem e para o mal –, e os filhos de nossos filhos. Mais além é difícil prever qual será nosso poder de transcendência. Se nós desperdiçamos o dia pensando nisso, o mais provável é que a nossa transcendência não seja muito grande.

Não é necessário escrever memórias, inventar um novo modelo de abridor de latas ou descobrir um astro para cavar um lugar na posteridade. Nossos atos são transcendentais; cada vez que abrimos a porta de casa desencadeamos uma espiral de causas e efeitos de alcance universal. Como as peças de dominó, continuamente colocamos o mundo em movimento. Se atuarmos bem, estaremos gerando harmonia, esperança e compaixão. Essa é nossa verdadeira transcendência.

Os valores

Os valores que ensinamos às nossas crianças são um legado para a posteridade. O futuro da Terra depende, basicamente, dos critérios educativos que são aplicados hoje.

FLORES

Do paraíso só restaram as estrelas,
as flores e os olhos das crianças.

ANÔNIMO

Um jarro de **flores** na mesa da sala acrescenta um quê de delicada harmonia, e permite descansar a vista se, por exemplo, estivermos lendo ou meditando. Para isso, é importante que o conjunto floral não esteja sobrecarregado. Como dizem os especialistas japoneses, um ramalhete de cravos ficará sempre muito bonito, mas às vezes menos é mais. Não há nada mais bonito que um arranjo bem-feito, mesmo que com apenas duas flores.

Ninguém dedicou tanto tempo à arte de combinar as flores quando os mestres da *ikebana*. O termo "*ikebana*" significa "fazer com que as flores estejam vivas". Essa arte se desenvolveu a partir do ritual budista no qual se ofereciam flores aos espíritos dos mortos. A *ikebana* tem regras complicadas, que requerem longo aprendizado. No centro da composição, por exemplo, deve-se colocar o talo mais forte, já que simboliza o céu. Antes de selecionar as flores, é necessário estudar a forma e o tamanho do recipiente que as receberá, uma vez que o resultado final depende da relação entre ambos – flores e jarro.

As pétalas das flores nos presenteiam com sua beleza e cor, ainda que seja por poucos instantes. Algumas espécies de cactos, curiosamente, apenas florescem uma vez ao ano.

A contemplação das flores nos predispõe ao equilíbrio e à reflexão.

Florais de Bach: Terapia baseada em essências florais. Consta de 39 essências que são utilizadas para prevenir doenças e harmonizar a personalidade. As pessoas que utilizam os florais afirmam que eles funcionam!

PENSAMENTO CONSCIENTE

Pensar é mover-se no infinito.

LACORDAIRE

Quando abandonamos a atividade e entramos no terreno da calma, nossa mente se transforma numa tela onde são projetados nossos pensamentos. A não ser que estejamos meditando, pelo nosso olho mental desfilarão perguntas e respostas, recortes do passado e esboços do futuro, esperanças, medos e incertezas.

Não é preciso temer os pensamentos. Eles podem ou não fazer sentido; no fim, o inconsciente maneja muito mais material do que a consciência pode assimilar. Pela mente passa todo tipo de idéias, mas poucas delas servem para tecer o pensamento consciente, que intervém na realidade.

Há três níveis de **pensamento consciente**. O primeiro inclui a representação livre de qualquer elemento. Por exemplo, a recordação de um encontro fortuito que ocorreu no dia anterior. O segundo nível de pensamento são as perguntas sobre o primeiro nível. Por exemplo, nos perguntamos por que se produziu tal encontro. A resposta, ou falta dela, dará lugar a novas perguntas que dotarão de significado – e também de mistério – algo que pode ter sido uma ocorrência bastante simples. O terceiro nível de pensamento é quando damos um salto qualitativo e passamos a ser sujeito e objeto de nossas perguntas. "Por que estou pensando nisso?" seria o ponto de partida. É nesse estado superior que travamos uma batalha conosco mesmos para progredir.

O pensamento é um instrumento valioso para aprofundarmos o conhecimento sobre nós mesmos e sobre a realidade, mas em caso nenhum deve paralisar ou substituir a ação.

BANHOS

Sempre me banho com água fria, porque
fico muito feliz quando termino.

Jørn Larsen

O prazer

O prazer do banho não deve ficar restrito à higiene. Ao submergirmos total ou parcialmente na água, assumimos o controle de nossa saúde física, emocional e espiritual.

Quando voltamos para casa após um dia longo e difícil, um banho quente pode nos devolver a calma e a energia, nos reconciliando com o universo. A hidroterapia acalma as emoções alteradas e eleva o estado de ânimo.

A água é um elemento essencial para todos os processos vitais. Os indianos, por exemplo, crêem que a água tem alma. Por essa razão, consideram o banho uma cerimônia espiritual na qual se restaura a harmonia entre o corpo, a mente e o espírito, além de ser uma maneira de fazer conexão com o divino.

Se você se sente muito estressado, pode reservar uma manhã para ir a um clube que tenha banheira de hidromassagem. Esses **banhos** estimulantes podem ser combinados com breves sessões de sauna. Desse modo, não só você gozará da suave massagem da água borbulhante, como também expulsará as toxinas e limpará os poros de sua pele. Outra possibilidade é aproveitar um fim de semana para ir a um balneário de águas termais. Os benefícios são espetaculares, ainda que os preços – infelizmente – também costumem sê-lo.

Por último, não se esqueça de beber muita água; se for possível, dê preferência a água mineral ou purificada. Lembre-se de que a água é indispensável para qualquer cura depurativa.

Se você tem

Se você tem banheira em casa, pode experimentar o efeito terapêutico dos diversos óleos e sais de banho. A essência de menta, por exemplo, tem uma forte ação revigorante.

AROMAS

Coroemo-nos de rosas antes que murchem.

PROVÉRBIOS, XXI, 17

Conforme alguns estudos

Conforme alguns estudos realizados em laboratório, o ser humano pode reconhecer cerca de quatro mil fragrâncias diferentes, ainda que as pessoas mais sensíveis possam chegar a dez mil. Isso é surpreendente, sobretudo se você tem em mente que a capacidade olfativa humana é bastante limitada em comparação à de outros mamíferos.

De toda maneira, o odor das coisas é um atributo único, além de ter repercussões reais na vida das pessoas. Já se comprovou, por exemplo, que existe uma relação muito estreita entre o caminho percorrido pelos neurônios relacionados com o olfato e os centros nervosos onde se originam as emoções e a resposta sexual.

Daí podemos deduzir que determinados **aromas** podem nos ajudar a recordar (não nos esqueçamos das madalenas de Proust!) ou podem estimular nossa libido. Mas não é só; as aplicações da aromaterapia vão muito mais além.

Seja através de incensos ou de um queimador de essências, no mercado existem aromas para favorecer a clarividência, o otimismo, a atenção ou o sono.

Uma fragrância adequada pode ser o detalhe que faltava para criar um ambiente em que você se sinta confortável e relaxado. Em poucos segundos, o perfume transportará você para seu jardim interior.

O incenso

O incenso é algo relativamente barato, mas libera muita fumaça e pode ser desagradável para algumas pessoas. As essências, ao contrário, são muito mais limpas, mas seu preço costuma ser um pouco mais elevado.

BRINCADEIRAS

É coisa agradável um momento de loucura.

HORÁCIO

Se você está achando o mundo à sua volta muito chato, talvez tenha chegado a hora de preparar uma **brincadeira** antológica.

Certa vez o pintor surrealista René Magritte fez a seguinte experiência: convidou para um jantar em sua casa um respeitável *marchand*, para falar de alguns projetos. Após comerem, o pintor sugeriu a seu convidado que continuassem conversando próximos à lareira. Num determinado momento, Magritte deixou cair, propositalmente, um objeto no chão. O solícito *marchand* então se agachou para pegá-lo e, nesse exato momento, o pintor belga lhe deu um esplêndido chute no traseiro. O *marchand* se virou para ele, desconcertado; Magritte, sem titubear, continuou a conversa normalmente, como se nada tivesse acontecido, e seu hóspede, após a irritação inicial, retomou sua parte no diálogo.

Brincadeiras desse tipo não são realmente recomendáveis, já que podem provocar na vítima uma reação menos civilizada que a do convidado do pintor. No entanto, um pequeno engenho bastante criativo pode revolucionar uma refeição familiar ou uma reunião de amigos.

Em qualquer brincadeira, é preciso ter em mente como são as pessoas às quais ela é destinada. Trata-se de criar uma surpresa sem ofender. Confie em sua imaginação.

As brincadeiras mais divertidas costumam requerer a participação de pessoas conhecidas da "vítima". Pense na brincadeira como parte de um presente de aniversário, por exemplo.

DANÇA

A dança é filha da música e do amor.

JOHN DAVIES

Um corpo tomado pela música é a melhor expressão da harmonia do universo. A **dança** é exercício, ritmo e, sobretudo, paixão. O bailarino que se entrega à dança se libera das amarras do mundo terreno para penetrar na esfera do sublime. As grandes personalidades falam de catarse, transformação e até de morte interior que dá lugar a uma nova vida.

A dança é um trabalho físico e espiritual que traz inúmeros benefícios àquele que a pratica. Só o fato de estar descalço – preferivelmente sem meias – conecta o indivíduo com a energia da terra e o renova. O contato com o solo costuma fazer uma estimulante massagem na planta dos pés e até mesmo previne os resfriados.

Por outro lado, os exercícios de expressão corporal são um excelente meio para esvaziar a mente de pensamentos. Ao tomar plena consciência do corpo, eliminam-se o estresse e os pensamentos improdutivos. O poder da dança é ainda maior se compartilhado com outras pessoas. Em uma coreografia, por exemplo, o indivíduo experimenta uma grande união espiritual com o grupo. O contato físico e a compenetração com os demais favorecem a confiança e o sentimento de pertencimento à totalidade.

A dança desperta o corpo e a mente, e nos torna mais sensíveis. Vale a pena deixar-nos levar pelo rastro invisível da música.

Na hora de escolher

Na hora de escolher um estilo de dança (clássica, jazz, contemporânea, africana...), o principal é que esse tipo de música ponha suas emoções em movimento.

TEATRO

Choramos ao nascer porque chegamos a este imenso cenário de dementes.

WILLIAM SHAKESPEARE

Não é necessário pisar num palco para praticar a nobre arte da interpretação. O **teatro** é inerente ao ser humano como a música e a dança. Desde a Antiguidade, o homem manifesta o gosto por trocar de aparência e assumir outras personagens. Todos atuamos em algum momento do dia – em uma entrevista de trabalho, ao atender ao público ou ao entrar em uma danceteria –, e não há mal nenhum nisso.

Espera-se que o Teatro, com maiúscula, seja encenado num palco. Assistir a uma representação teatral tem o estímulo extra de que a obra nunca é representada do mesmo modo. Os atores podem estar mais tensos ou mais relaxados, em algumas ocasiões suprimem uma linha e em outras arriscam uma improvisação. Nisso reside o frescor do teatro. Sem falar que, ao contrário do cinema, pode-se experimentar o prazer de aplaudir quando algo nos emociona.

Se você é do tipo inquieto e que adora desafios, talvez prefira estar sobre o palco. Nesse caso, pode entrar em contato com algum centro, escola ou associação que tenha um grupo próprio de teatro. Não é usual imporem restrições à admissão de novos membros e é uma boa oportunidade para conhecer gente nova.

Atuar num palco não é algo fácil, ainda que muitas vezes os atores menos experientes sejam os que mais ganham o apoio do público. Que se abram as cortinas!

Proposta: Organize uma sessão de teatro em sua casa. Se não houver espaço suficiente, você pode preparar um monólogo ou uma leitura dramática. Introduza alguma surpresa.

GRANDE-ANGULAR

A foto é a verdade. E o cinema é a verdade 24 vezes por segundo.

JEAN-LUC GODDARD

A primeira sessão de cinema ocorrida contou com apenas 35 espectadores. Eram projetados dez curtas-metragens que refletiam aspectos cotidianos da vida na França: operários saindo das fábricas, uma praia golpeada pelas ondas ou um jardineiro regando um gramado. Quando apareceu na telona o trem correio, vários espectadores fugiram apavorados, crentes de que o trem avançaria contra eles.

Desde então, o interesse pelo cinema cresceu muito, e hoje ele está situado em um lugar de exceção na indústria do entretenimento. No entanto – e a despeito dessa magia –, nas últimas décadas muitas pessoas vêm substituindo a tela grande pelos vídeos, DVDs e programas de tevê. Dessa maneira, é certo que verão os mesmos filmes, mas também é verdade que perderão o ritual, que muitas vezes é mais importante que o próprio filme.

O prazer de ir ao cinema começa já na hora em que buscamos nos guias o filme perfeito. Nesse momento, somos como reis que decidem que espetáculo nos deverá ser representado. Um pouco depois já estamos na sala, e nossa ansiedade se mistura com o burburinho do público. E, então, eis que se faz a escuridão.

Se você vai acompanhado, já está garantido o prolongamento do programa, com uma posterior discussão na mesa de um bar ou restaurante. Ainda que o filme não tenha sido lá grandes coisas, sempre haverá algum detalhe a comentar. Quando você estiver na dúvida entre ficar em casa e ir ao cinema, não titubeie – escolha sempre a companhia de uma **grande-angular**.

Se você está passando por um período de muito estresse, uma sessão de cinema permitirá que você se desconecte dos problemas durante um par de horas.

MENSAGEM DE LONGE

Cada homem deve inventar o seu caminho.

JEAN-PAUL SARTRE

Sem nos darmos conta

Sem nos darmos conta, costumamos fazer sempre as mesmas coisas, dia após dia. Quando chega o fim de semana, estamos tão esgotados que voltamos a cair em repetições – diferentes, mas, no fim das contas, também repetições.

Uma boa maneira de romper com a monotonia é se deixar levar pela excentricidade – um dia que seja, apenas. Você pode ir a um lugar a que nunca iria, ou fazer algo que em outras circunstâncias não faria. Se você não é muito chegado aos esportes, por exemplo, pode ser uma experiência interessante ir a um estádio de futebol para assistir a um clássico importante. Se, por outro lado, o que você detesta é a leitura (como este livro foi parar nas suas mãos?), pode passar uma tarde numa biblioteca, mesmo que apenas por curiosidade.

Outra possibilidade é escrever uma carta... a si mesmo! Empregue um tom pessoal para expressar qualquer pensamento que lhe venha à mente. Não fique retraído ou com vergonha, atreva-se a fazer perguntas com a segurança de que seu "eu distante" lhe irá responder. Depois, ponha a carta num envelope com seu nome, cole selos e despache-a numa caixa de correio. O ideal seria fazer isso numa sexta-feira à tarde.

Quando você menos esperar, receberá uma **mensagem de longe**. Leia a carta como se tivesse vindo de seu melhor amigo. É alguém que é e se chama você, mas que mora em outro lugar, num outro tempo.

Outra maneira

Outra maneira de quebrar a rotina pode ser tomar um trem, metrô ou ônibus sem conhecer o destino, pelo simples prazer de descobri-lo.

AVENTURA

Aproveite bem as pequenas coisas; algum dia você vai saber que elas eram grandes.

ROBERT BRAULT

A aventura

A **aventura** está presente em cada canto de nossa vida cotidiana. Chegar ao trabalho depois da selva do trânsito, superar o mau humor do chefe e a irritação dos clientes, conseguir sair na hora certa e a tempo para preparar o jantar, porque hoje receberá convidados.

Há uma infinidade de pequenos atos heróicos com os quais nos surpreenderíamos se estivéssemos vendo nossa vida projetada numa tela de cinema. Cada vida batalha para sair à frente no caldeirão alquímico da criação. Alguma vez você já observou como a hera consegue brotar no meio das pedras? Ou o gato, que atravessa a rua sem ser atropelado pelos carros?

Cada instante está repleto de pequenos milagres que fortalecem o afã de todo ser vivo por manter-se assim. Também nós participamos dessa corrida infinita. Aceitamos a aventura da vida e nossos passos se somam aos de milhares de seres que lutam contra as ervas daninhas.

Um romancista de ficção científica relatou, certa vez, que, se um extraterrestre observasse a Terra do espaço, notaria um canto sublime, produto de todos os seres que guerreiam pela existência. Quando nos sentimos tristes, devemos recordar que – qualquer que seja nossa situação – formamos parte da vida e elevamos nossa voz no canto profundo do planeta.

É importante

É importante saber se premiar de vez em quando, especialmente se você acabou de passar por um momento difícil. A recompensa pode ser, por exemplo, um jantar em seu restaurante preferido ou uma peça de roupa que estava desejando.

REDESCOBRIR

Se os peixes têm coração, a água
na qual vivem também tem.

PROVÉRBIO JAPONÊS

A mesma realidade que nos aborrece, porque parece ser um acúmulo de repetições, pode ser muito mais rica do que imaginamos. Nossa mente costuma economizar os impulsos que chegam dos sentidos, e não observa ou menospreza os múltiplos detalhes que compõem nosso entorno. Quando nos levantamos, para ir ao trabalho ou para fazer compras, recorremos a uma série de movimentos mecânicos. Os sentidos, por sua vez, se orientam apenas para o que é estritamente necessário. Não é de se estranhar, então, que certas pessoas se sintam abatidas pela monotonia ou que fiquem em um estado permanente de apatia.

Há um mundo infinito ao nosso redor, mas para apreciá-lo é indispensável recuperar a sensibilidade. As crianças interagem de maneira intensa com o seu redor. Seu vínculo com a realidade obedece a um fluxo de perguntas e respostas.

Se não nos limitarmos a deixar a vida passar como se fosse algo alheio a nós mesmos, poderemos resgatar a poesia que se esconde em cada pequena coisa. Um modo de começar é tomar consciência de nossos movimentos enquanto caminhamos, dirigimos nosso carro ou trabalhamos. Se observarmos o que está ao nosso redor – e a nós mesmos – com olhos curiosos, poderemos **redescobrir** o tesouro de nossa infância.

Pense

Pense no tempo que faz que você não se detém
a contemplar as flores ou o vôo dos pássaros.
Trate de descobrir o que existe além de sua rotina.

DEIXAR-SE VIAJAR

Viajar é ganhar um processo contra a rotina.

Paul Morand

Muitas pessoas

Muitas pessoas sonham com destinos mais ou menos remotos. Certas vezes, quando olhamos um mapa-múndi, somos invadidos por um sentimento de inquietude, pois é provável que não cheguemos a visitar grande parte dos lugares que nos atraem. Infelizmente, poucos gozam do privilégio de viajar quando e para onde querem ir. Esse desejo de viajar, quando confrontado com uma realidade que reduz nosso tempo, pode criar frustração e ressentimento. No entanto, pensar dessa maneira nos faz cometer um grande engano.

O erro é pensar que o ato de **viajar** começa no outro lado do globo, quando, ao contrário, pode estar justamente no chão que nossos sapatos estão pisando.

Aproveite qualquer manhã ou tarde livre para pôr em prática esta experiência: imagine que você acaba de chegar à cidade em que vive. Não conhece as ruas, nem os costumes das pessoas; não sabe onde poderá comer, nem se encontrará um teto para passar a noite. Caminhe sem rumo – talvez sem dinheiro – pelo labirinto da cidade e vá descobrindo as cores das casas, os comércios e os transeuntes. Deixe-se surpreender e extraia novas conclusões. Se seus passos o conduzirem à rua em que você mora ou ao local de seu trabalho, observe tudo como se fosse a primeira vez. Você vai comprovar que empreendeu uma viagem a uma cidade que sempre esteve ali e que você não conhecia.

Conselho

Conselho: Evite fazer sempre o mesmo caminho da casa para o trabalho e do trabalho para a casa. Por mais repetitiva que a sua vida seja, você sempre dispõe de uma margem de variação que não deve deixar de aproveitar.

POESIA E AÇÃO

Enquanto a vida durar, que o conto não pare.

CARMEN MARTÍN GAITE

Se você se sente agoniado e deprimido, se tem a impressão de que nada de novo está acontecendo ao seu redor, isso pode significar que você deixou de imaginar. A fantasia é o germe da **ação**; para tanto, se o que você vê não lhe agrada, terá de pensar em algo para melhorá-lo.

Imagine que sua vida é o romance que está lendo atualmente. Você é o protagonista e cada um de seus atos se reflete no enredo. Como é esse livro? É excitante, divertido, ágil ou é lento e tedioso? Recomendaria o "seu" livro a alguém?

Se a resposta é negativa, significa que o "escritor" dormiu no ponto e não fez o seu trabalho de modo adequado. É o momento de despertá-lo e obrigá-lo a mudar o curso da ação – tal como ocorre em algumas narrativas. Faça sugestões a ele, exija emoção, inteligência, **poesia**, obrigue-o a reescrever a obra.

Ninguém nasceu para ser infeliz. Por pior que as coisas estejam, sempre existe a oportunidade de melhorar algo. No teatro em que estamos confinados, não há destino senão aquele que cavamos para nós mesmos.

Recorde-se de que na história de sua vida você é o autor, o personagem e o leitor. Leve-a adiante com entusiasmo. Sua felicidade será a melhor ovação.

Sua capacidade de manobra sobre a realidade é maior do que você imagina. Pense em iniciativas concretas que possam dotar seu dia-a-dia de um ar mais prazeroso.

REENCONTRO

As velhas amizades se improvisam.

GEORGES COURTELINE

No transcurso de uma vida, conhecemos e esquecemos muitas pessoas. Se pudéssemos fazer uma lista, nos surpreenderíamos com a quantidade de amigos – mais ou menos distantes – com os quais compartilhamos vivências em alguma etapa de nossa vida. Poucos passam pelo crivo do tempo.

Sem dúvida, de todas as pessoas que nos acompanham em nosso caminho, sempre há algumas que deixam uma marca especialmente profunda dentro de nós: um amigo de infância, o companheiro de carteira na escola, um professor cuja influência foi decisiva ou alguém por quem estivemos apaixonados, mas que não nos correspondeu. É inevitável pensar: "Que é que foi feito deles?". Essa pergunta, como tantas outras, pode ser respondida com outra pergunta: "Por que não vai lá e verifica?".

Seria uma boa idéia empreender uma busca a algumas dessas pessoas. Se lhe parece muito agressivo um telefonema, pode enviar um cartão-postal para cumprimentar a pessoa e lhe dar seu endereço. O mais provável é que ela se alegre de saber novamente de você e lhe responda imediatamente. O **reencontro** permitirá a vocês a lembrança de lugares, pessoas e momentos cujo significado ninguém mais compreenderia. Seguramente, cada um reteve detalhes que o outro já esqueceu, ou sabe de outras pessoas que fizeram parte da turma.

Reencontrar uma velha amizade é como beber de um manancial da juventude eterna.

Proposta: Uma bela maneira de se reencontrar com o passado é visitar sua antiga escola. Percorra novamente os corredores, as salas de aula e o pátio onde brincava durante o recreio.

BELEZA E HARMONIA

•••

O rosto dos deuses está oculto entre as nuvens.

PROVÉRBIO MALAIO

Na era da imagem

Na era da imagem, as pessoas cuidam cada vez mais de seu físico, o aparato com o qual podem conhecer o mundo (e ser reconhecidos por ele). A indústria da moda e a cosmética fixam uma série de normas; conforme o grau de proximidade delas, maior ou menor será a beleza do indivíduo. No entanto, em muitos casos a constituição física da pessoa impede uma aproximação direta com esses modelos; investe-se muito dinheiro para obter um resultado insatisfatório.

Essa maneira de pensar não apenas não conduz à felicidade como gera frustração e complexo de inferioridade. Muitas mulheres competem entre si – no grupo de amigas, na sala de aula ou no trabalho –, no que acaba se transformando em uma luta de poder na qual os valores não são nada e o culto à imagem é o que vale. Os homens tampouco estão a salvo da tirania da aparência.

A obsessão pela imagem denota insegurança. Para sentir-se livre é preciso romper essas amarras. Enquanto ficarmos imitando ou nos comparando com os demais, não nos sentiremos bem conosco. A verdadeira **beleza** nasce da **harmonia** e implica que cada um aceite a si como realmente é. Não pretenda ser "como" ou "mais que". Ser você mesmo é suficiente.

A beleza deveria ser uma qualidade sutil, e não um invólucro.

Pense

Pense no que você pode oferecer ao mundo, para além dos modismos passageiros. Se você se sente à vontade com sua própria imagem – ou seja, se se identifica com ela –, não necessita estar a par do que acontece nas passarelas.

ORDEM MENTAL

A clarividência é o ornamento
dos pensamentos profundos.

LUC DE C. VAUVENARGUES

Diz-se que as pessoas

Diz-se que as pessoas organizadas costumam ter uma grande desordem interior e vice-versa. Essa é uma afirmação exagerada, mas, como toda generalização, carrega algo de verdadeiro. As pessoas que vivem obcecadas pela ordem em casa – há casos que beiram a patologia! – concentram todos os seus esforços na busca da harmonia ao seu redor, deixando de lado a **ordem mental**. Em muitos casos, essas atitudes indicam que a pessoa prefere organizar sua casa ou escritório a solucionar os conflitos que borbulham em sua cabeça.

O medo tem um papel importante nessas fixações. A convicção de que se é incapaz de resolver os próprios conflitos, ou o medo de contemplá-los, faz com que a atenção se dirija a um mundo mais simples e manejável. Mas isso não é nenhuma solução.

Todo mundo deveria dedicar alguns momentos do dia para fazer uma "limpeza mental". Não, não é preciso fazer nenhuma auto-análise aprofundada. Basta olhar para dentro da mente e prestar atenção ao que está acontecendo. Não pretenda responder a todas as perguntas, apenas observe qual é sua situação atual e quais questões deverão ser abordadas com prioridade. Exercícios de respiração consciente podem contribuir muito positivamente para essa limpeza.

Tire o pó dos seus pensamentos. O melhor é que você encontre a ordem dentro de si. No fim das contas, uma mente tranqüila se sente bem em qualquer lugar.

Descubra

Descubra o que é que lhe causa medo: os traumas passados, as carências do presente ou a incerteza do futuro.

TEMPO

Muito rápido na vida é demasiado tarde.

Marguerite Duras

Seu **tempo** pertence a você, isso deve ser o princípio de tudo. Para tanto, você é quem deve decidir a que ou a quem o dedica. O mais provável é que você tenha boa parte do dia ocupado, de modo que suas horas livres deveriam ser seu próprio reduto de prazer e criatividade.

Não se comprometa com o que não quer se comprometer nem faça o que não quer fazer. Isso não significa que você deve adotar uma postura egoísta em relação às pessoas que o rodeiam. É preciso saber encontrar o equilíbrio entre as necessidades dos outros e suas próprias. Se alguém se encontra em necessidade, está justificado que você renuncie a seus projetos para lhe dar assistência. O erro é perder tempo para dar prazer uníssono aos demais.

Uma das recomendações da ética budista é não tomar o que não nos é oferecido. Isso vai muito além do roubo material, como no caso do mandamento bíblico, já que também se entende que não se deve tomar o tempo ou as energias de uma pessoa se esta não nos oferece isso livremente.

Outra maneira de dilapidar a vida é assumir mais obrigações do que o necessário. O tempo é mais que ouro, é o trilho pelo qual passa o trem de nossa existência. Se economizar dinheiro faz sentido, mais sentido ainda faz reservar tempo para realizar algo gratificante. O dia que morre sem que tenhamos feito nada para nós mesmos é como se não houvesse existido.

Se você vai comprar um carro novo, assegure-se de que isso não vá obrigá-lo a trabalhar tanto que acabe usando-o apenas para ir ao trabalho. Também não serve de nada ter uma casa enorme se você não tem tempo de estar nela.

EXPRESSAR

• • •

Somos como uma criança que nos pede uma estrela.

HENRI BARBUSSE

A maioria dos conflitos

A maioria dos conflitos que acontecem em nossa vida se deve ao fato de que não sabemos **expressar** adequadamente. Muitos aborrecimentos e discussões têm sua origem em mal-entendidos. Quando se aclaram, a harmonia entre as partes envolvidas é restaurada.

Sempre que você se sentir ofendido ou desgostoso porque uma pessoa não lhe respondeu da maneira que esperava, deverá se fazer a seguinte pergunta: "Será que essa pessoa conhece minhas necessidades e expectativas?"; "Ela sabe do que gosto e do que não gosto?"; "Já falei sobre isso a ela?".

Muitas vezes, damos por certo que os que nos rodeiam lêem nossos pensamentos e podem satisfazer nossos desejos. Na prática, não é assim. Cada um tem trabalho suficiente com sua própria vida para adivinhar o que ocorre com a vida dos outros.

Em determinadas situações – ao falar com um superior ou uma pessoa que não conhecemos bem –, pode ser difícil expressar o que pensamos: nesse caso, o melhor a fazer é permanecer calados e, então, dar a volta por cima. Se, ao contrário, se trata de um amigo próximo que faz algo que não nos agrada, o melhor é informá-lo o quanto antes. Pode ser que no princípio ele se sinta contrariado, mas com certeza mais tarde apreciará nossa sinceridade, e a amizade sairá reforçada. A única condição é não ferir nosso interlocutor com nossas palavras; isso nunca acontece quando se fala com bondade.

Se você tem

Se você tem algo importante a dizer e sua timidez o impede de se expressar como gostaria, escreva um bilhete ou uma carta. Tudo é preferível a guardar seus pensamentos para si.

IGUAL E DIFERENTE

Todos vivemos sob o mesmo céu, mas nem todos vêem o mesmo horizonte.

KONRAD ADENAUER

A disciplina científica mais complexa é um jogo para crianças quando comparada à dificuldade que as relações humanas interiorizam. Compartilhamos o tempo e o espaço com muitas pessoas, algumas por vontade própria e outras por obrigação. A atitude mais inteligente é aproveitar o que há de bom no intercâmbio com os outros e minimizar os inconvenientes.

Para isso, é essencial compreender que cada pessoa é **igual e diferente** em relação às demais. O vizinho com quem você tromba diariamente é diferente de você porque tem outro passado, outro presente e, provavelmente, outro futuro. Por outro lado, ele tem as mesmas necessidades que você – também precisa de alimento, amor, estímulo e apoio – e está submetido às mesmas leis naturais. Fazendo uma metáfora, é um trem que realiza o mesmo trajeto que você, mas em outra via. Talvez o traçado dele seja irregular e cheio de túneis que somem pela escuridão, enquanto que o seu é reto e suave, o que permite a você desfrutar a viagem. As experiências são diferentes, mas, de todo modo, a origem e o destino são os mesmos.

As alegrias, medos, esperanças e desejos das pessoas são, na realidade, assustadoramente parecidos. A compreensão disso nos liberta de nosso egoísmo e nos aproxima dos demais. No final das contas, os outros não deixam de ser um espelho de nossas próprias ações. Cada vez que aceitamos uma diferença estamos ampliando nosso universo humano.

Não cometa o erro de pensar que suas necessidades são mais legítimas que as dos outros. É lógico e natural que os demais persigam o mesmo que você.

COMPARTILHAR

Metade da alegria consiste em se falar dela.

PROVÉRBIO IRANIANO

Há muita confusão em torno do que verdadeiramente significa **compartilhar**. Não são poucos os casais que compartilham seus problemas e tensões, mas são incapazes de desfrutar juntos de um momento de reflexão. Nesses casos, um tende a ver o outro como um ser distinto e distante que é incapaz de penetrar em sua realidade íntima. No fim, a vida espiritual acaba sendo um local delimitado e privado no qual cada um capta suas emoções sozinho.

Quantas vezes ouvimos algo como "Ninguém me entende"? Quem pronuncia algo assim deveria se perguntar o que faz para que o compreendam. Provavelmente, nada demais.

Uma boa maneira de se deixar conhecer é compartilhar os pequenos descobrimentos que alegram a existência. Por exemplo, se você tem um poema que lhe agrada muito, organize um jantar para mostrá-lo a um amigo. Por trás da surpresa inicial, com certeza a conversa ganhará um direcionamento muito mais profundo que o habitual. Com o poema, você estará presenteando a outra pessoa com uma parcela escondida de sua alma, que ela não conhecia. Esse conhecimento é mais importante que as discussões sobre política ou as fofocas sobre as pessoas que ambos conheçam.

Muitas vezes, nossas relações são superficiais porque queremos que sejam assim. Nosso mundo interior é um jardim que fica muito mais bonito quando podemos mostrá-lo. Compartilhá-lo implica arrebanhar novas espécies para o nosso ecossistema emocional.

Como costumamos nos cercar de pessoas com gostos afins, é possível que nossas preferências sejam também do agrado dos demais. Não titubeie em organizar uma audição de música com seus amigos ou outra atividade sensível.

EMOÇÕES

A tristeza é um muro entre dois jardins.

KHALIL GIBRAN

Alguém já disse

Alguém já disse que o pior erro que as pessoas cometem é que, quando estão bem, pensam que esse estágio vai durar para sempre, e, quando estão mal, não conseguem enxergar uma saída para o sofrimento. Essa é uma reflexão muito importante.

Nossa concepção de experiência costuma ser muito parcial e está ligada ao momento. Aquilo que vemos ou sentimos se converte em realidade absoluta e imutável. É preciso ter passado por muitos altos e baixos para assumir que a essência da vida reside nesses ciclos alternados.

A vida humana é uma paisagem montanhosa na qual sempre estaremos subindo e descendo. Se aceitarmos esse fato, saberemos conduzir as **emoções** com muito mais sabedoria. A tristeza não nos parecerá um sentimento tão desolador, porque saberemos que a felicidade nos espera novamente do outro lado. Também aproveitaremos melhor os instantes de alegria, pois talvez sejam efêmeros.

Tudo o que existe está em contínuo movimento, e as emoções não são uma exceção. Somos filhos da mudança, do nascimento e da destruição. Se formos capazes de ir além do instante presente, alcançaremos um novo horizonte de serenidade.

Se você está

Se você está desesperado, lembre-se de que já passou por algo assim em outras situações e que conseguiu superá-lo. Agora não tem por que ser diferente. Lembre-se também de que "Deus ajuda a quem se ajuda a si mesmo".

QUESTIONAMENTOS

Nossa cabeça é redonda para permitir
aos pensamentos mudar de direção.

FRANCIS PICABIA

Enquanto é capaz

Enquanto é capaz de fazer **questionamentos**, o espírito humano consegue sobreviver. O intelecto é como o exército de um império: quando deixa de conquistar novos territórios, começa a bater em retirada. Se há algo que devemos salvar dos embates do tempo é a curiosidade.

Graças a ela as crianças aprendem o funcionamento do mundo e os limites da realidade. A curiosidade as leva a pegar tudo o que está ao alcance de suas mãos, comprovar sua resistência, deixá-lo de lado e pegá-lo de volta. Nada é óbvio aos olhos de uma criança.

Na idade adulta, a longevidade de nosso poder intelectual depende desse mesmo espírito de busca. Talvez, em vez de aceitarmos a existência da roda, devamos dar à questão contornos filosóficos, mas: quem disse o que é mais importante?

Há perguntas que se converteram em clássicos do pensamento humano: "Qual é o princípio e qual é o fim?"; "Que sentido tem a vida humana?"; "Deus existe? Então por que ele não vem e resolve tudo isso que está aí?"; "Há vida em outros planetas?"; "Por acaso houve outra humanidade?"; "O que nos espera do outro lado?".

O mérito dessas perguntas é que, por ora, não têm respostas; ou talvez as tenham em excesso. E é por isso que esses questionamentos se repetem, de geração em geração. Se o que nos faz vivos é o fato de podermos elaborar questionamentos, o dia em que conhecermos todas as respostas talvez marque o nosso fim. Para sempre.

Quais são

[Quais são os seus questionamentos?]

PEREGRINAÇÃO

Qualquer caminho leva ao fim do mundo.

EDWARD FITZGERALD

Einstein costumava dizer

Einstein costumava dizer que, como o espaço é curvo, se nossa capacidade visual não tivesse limites, acabaríamos vendo nosso próprio cangote. Algo assim ocorre com o percurso do homem na Terra. No transcurso da vida conhecemos milhares de pessoas, visitamos centenas de lugares, aprendemos línguas e deciframos manuais de instrução. No entanto, sempre voltamos a nós mesmos.

O ser humano não pode evitar o retorno a si próprio. Buscamos a verdade, a experiência e o prazer no mundo externo. Esperamos que os outros – seres mais experimentados que tenham encontrado a saída do labirinto – nos mostrem o caminho. E, no entanto, eles não podem nos ajudar.

No fim, uma pessoa é um peregrino que procura seu caminho e acende seu farol numa noite nublada. Outros passam pelo seu lado, talvez compartilhem com ele comida e teto, mas sempre essa pessoa se lança novamente à neblina, sozinha, em busca do graal que contém o segredo da existência. Ele mesmo é o graal e a resposta a suas perguntas, mas o peregrino já se esqueceu, e segue caminhando. Não sabe que está realizando uma **peregrinação** em si mesmo.

Veja seu rosto refletido em um lago e sorria. Você não está sozinho em sua travessia do infinito.

Não menospreze

Não menospreze o caminho. Pense que o bom e o mau que há nele têm uma mesma finalidade: ensiná-lo. Aprenda com os seus erros e com os erros dos outros.

UM NOVO COMEÇO

• • •

A vida é como uma chama ao vento.

PROVÉRBIO JAPONÊS

Uma das chaves

Uma das chaves da felicidade é aprender a aceitar o final das coisas. Quando termina uma etapa de nossa vida, precisamos saber apreciar o que conseguimos, valorizar as vitórias e os fracassos e, simplesmente, virar a página. As coisas, as pessoas e as experiências são valiosas porque são temporais; se sempre estivessem ali não as iríamos apreciar. O que é eterno é a ânsia que o ser humano tem de saber, e esta sobreviverá enquanto mantivermos os pés sobre a terra.

Nosso afã de movimento nos fez conquistar territórios, inventar toda sorte de artifícios e até ir à lua. O ser humano nunca pode estar quieto, por isso sempre está fechando um capítulo para começar outro. A tristeza por um mundo que se acaba é legítima e honra os bens passados, mas não deve entorpecer o passo seguinte.

Mesmo quando o nosso fim chegar, o mundo seguirá girando e produzindo beleza e incerteza. Quando deixarmos definitivamente de contemplar o céu, isso não significará que ele terá deixado de existir. Outros ocuparão nosso lugar.

Em todo final está a semente de **um novo começo**.

Se até hoje

Se até hoje você tem vivido de lamentações, deve pôr um fim nessa etapa e alimentar sua vida com os frutos da ação. Por que não começa agora?

Índice

Este livro foi composto nas fontes Meridien e Frutiger e impresso em março
de 2004 pela Yangraf Gráfica e Editora Ltda., sobre papel offset 90g/m².